Habeck/Kröger/Träm

Wi(e)der das Fusionsfieber

Max M. Habeck/Fritz Kröger/Michael Träm

Wi(e)der das
Fusionsfieber

Die sieben Schlüsselfaktoren
erfolgreicher Fusionen

2., überarbeitete Auflage

Die Deutsche Bibliothek – CIP-Einheitsaufnahme
Ein Titeldatensatz für diese Publikation ist bei
Der Deutschen Bibliothek erhältlich

1. Auflage 1999
2. Auflage April 2002

Alle Rechte vorbehalten
© Betriebswirtschaftlicher Verlag Dr. Th. Gabler GmbH, Wiesbaden 2002
Softcover reprint of the hardcover 2nd edition 2002
Lektorat: Ulrike M. Vetter

Der Gabler Verlag ist ein Unternehmen der Fachverlagsgruppe BertelsmannSpringer.
www.gabler.de

Das Werk einschließlich aller seiner Teile ist urheberrechtlich geschützt. Jede Verwertung außerhalb der engen Grenzen des Urheberrechtsgesetzes ist ohne Zustimmung des Verlags unzulässig und strafbar. Das gilt insbesondere für Vervielfältigungen, Übersetzungen, Mikroverfilmungen und die Einspeicherung und Verarbeitung in elektronischen Systemen.

Die Wiedergabe von Gebrauchsnamen, Handelsnamen, Warenbezeichnungen usw. in diesem Werk berechtigt auch ohne besondere Kennzeichnung nicht zu der Annahme, dass solche Namen im Sinne der Warenzeichen- und Markenschutz-Gesetzgebung als frei zu betrachten wären und daher von jedermann benutzt werden dürften.

Umschlaggestaltung: Schrimpf und Partner, Wiesbaden
Satz: FROMM MediaDesign GmbH, Selters/Ts.

ISBN-13: 978-3-322-82865-1   e-ISBN-13: 978-3-322-82864-4
DOI: 10.1007/978-3-322-82864-4

Vorwort

Dem Thema Fusionen bzw. M&A (Mergers & Acquisitions) können sich weder Manager noch Mitarbeiter heute entziehen. Die Wahrscheinlichkeit, dass ein einfacher Angestellter mindestens eine Fusion in seinem Arbeitsleben durchmachen wird, ist weltweit derzeit auf dem absoluten Höhepunkt, und es sieht nicht so aus, als ob sich daran kurzfristig etwas ändern wird. Die Wahrscheinlichkeit, dass ein Top-Manager an einer Fusion mitarbeitet, ist noch um ein vieles höher. In der Tat kann jede Führungskraft heute fast hundertprozentig sicher sein, dass er oder sie an einer M&A-Aktivität beteiligt sein wird – entweder aktiv als Käufer oder eher passiv als „Target".

Viele Studien bieten immer wieder vergleichbare Ergebnisse: Ein hoher Prozentsatz der Fusionen und der Unternehmenskäufe weltweit schafft keinen Wert für das neue Unternehmen, im Gegenteil: In mehr als 50 Prozent der von A. T. Kearney im Global PMI Survey untersuchten Unternehmen wurde im Zuge der Fusion Wert vernichtet (PMI = Post Merger Integration).

Historisch gesehen sind dies keine neuen Erkenntnisse, denn schon in den 60er-Jahren gab es Diskussionen über die enttäuschenden Effekte von Fusionen. Trotz der erheblichen Mengen sehr theoretischer und gelegentlich auch sehr praktischer Bücher über M&A und die Folgen scheint es keine signifikante Lernkurve gegeben zu haben. Auf der anderen Seite gibt es immer wieder Unternehmen, die den richtigen Partner finden und in der Integrationsphase offensichtlich keine oder wenige Fehler machen. Was machen diese erfolgreichen Unternehmen besser als das Gros der weniger erfolgreichen?

Nachdem wir 20 Jahre lang erfolgreich Integrationsprojekte nach Unternehmenskäufen und Fusionen begleitet haben, glauben wir, die Erfolgsfaktoren zu kennen, und haben uns entschlossen, unsere Erfahrungen und Erkenntnisse zu veröffentlichen. Es ist zu erwarten, dass M&A *das* Thema der kommenden Jahre bleiben wird. Die hier dargelegten sieben wichtigsten Schlüsselfaktoren bzw. Spielregeln für den Fusionserfolg bereiten jeden Manager auf diese Herausforderung vor und machen es ihm einfacher, so schnell wie nötig die richtigen Entscheidungen zu treffen.

Damit bietet das Buch auch dem immer öfter von Fusionen betroffenen Mitarbeiter viele nützliche Hinweise für das Verständnis von Fusionsprozessen und für ihren möglichen Beitrag zum Fusionserfolg in ihrem Unternehmen.

Wir möchten mit diesem Buch vielen Unternehmen im Fusionsfieber helfen, es rasch zu überwinden und das neue Unternehmen zum Erfolg zu führen.

Berlin/Düsseldorf, im April 2002

MAX M. HABECK
FRITZ KRÖGER
MICHAEL TRÄM

Danksagung

Wir danken den Klienten von A. T. Kearney für die zahlreichen Lernerfahrungen. Unser Dank gilt ebenso den anderen Unternehmen, die durch eine oder mehrere Fusionen hindurchgegangen sind und uns über den Global PMI Survey wertvolle Hinweise auf Gesetzmäßigkeiten und Notwendigkeiten in der Integration zweier sich bis dahin fremder Unternehmen gegeben haben.

Besonders wichtig für dieses Buch war uns, unsere Kollegen weltweit einzubinden und ihre Erfahrungen und Erkenntnisse hier einzuarbeiten: John Andrica, Jonathan Anscombe, Ray Hill, John Hoffecker, Tim MacDonald, Giorgio Padula und Joseph Warnement. Wir haben ihren Anregungen viel zu verdanken.

Unser Buch wäre nicht interessant, strukturiert und lesenswert, wenn wir nicht immer wieder von unserer Projektmanagerin Marianne Denk-Helmold inhaltlich und operativ auf den „rechten Weg" zurück geführt worden wären und wenn Frank Luby nicht an vielen Stellen seine Beratungserfahrung in die Texterarbeitung eingebracht hätte.

Schließlich bedanken wir uns bei Robin Black, Sven Gerlach, Dirk Pfannenschmidt, Thomas Rösch und Björn Röper.

Inhaltsverzeichnis

Vorwort _____ 5

Danksagung _____ 7

Fusionen – eine Sucht, die oft zu Katerstimmung führt _____ 13
   Den Wandel in den Griff bekommen _____ 15
   Wachstum – großzügig und kleinlich zur gleichen Zeit _____ 18
   Was schief gehen kann, geht schief _____ 21
   Entscheidendes läuft vor dem Deal _____ 23
   Was erfolgreiche Fusionsintegration eigentlich ist _____ 24

Die sieben Schlüsselfaktoren erfolgreicher Fusionen _____ 27

Spielregel 1: Vision
Schaffen Sie Klarheit über die Zukunft und den Weg dorthin! _____ 27
   Vision hilft, den Wandel zu schaffen und zu nutzen _____ 30
   Vision heißt, Realität und Traum verbinden _____ 33
   Dem „Fit"-Fetisch in uns ein Ende bereiten _____ 36
   Was bringt der Partner mit? _____ 42
   Was Sie tun müssen – eine Checkliste _____ 51

Spielregel 2: Führung
Stellen Sie so schnell wie möglich eine Führungsmannschaft auf! _____ 52
   Ausstrahlung und Entschlossenheit der Spitzenleute
   verhindern das gefährliche Vakuum _____ 54
   Ein guter Start ist kein Grund,
   sich auf den Lorbeeren auszuruhen _____ 58
   Manchmal muss jemand bereit sein zurückzustehen _____ 61
   Es muss schnell gehen – egal mit wem _____ 67
   Was Sie tun müssen – eine Checkliste _____ 68

Spielregel 3: Wachstum
Behalten Sie das Thema Wertsteigerung im Auge _____ 69
    Selbstmord mit Synergien: Kostensenkung
    ist kein Garant für Erfolg _____ 72
    Wachstum muss im Mittelpunkt stehen _____ 74
    Wachstum ist auch in reifen Märkten möglich _____ 80
    Was Sie tun müssen – eine Checkliste _____ 82

Spielregel 4: Schnelle Gewinne
Handeln Sie konstruktiv, erzielen Sie Erfolge
und kommunizieren Sie, was Sie erreicht haben! _____ 83
    Nicht nur Worte, die Beteiligten wollen Taten sehen _____ 86
    Intern und extern sind schnelle Gewinne möglich _____ 87
    Suchen Sie nach „early wins" an der Kundenfront
    oder in der Forschung _____ 91
    Bemühen Sie sich um greifbare und nachhaltige Ergebnisse _____ 97
    Informationen sammeln durch Zuhören und Fragen _____ 98
    Gutes tun und darüber reden – aber nicht übertreiben _____ 99
    Was Sie tun müssen – eine Checkliste _____ 100

Spielregel 5: Kulturelle Unterschiede
Kommen Sie „weichen" Themen mit „harten" Maßnahmen bei! _____ 101
    Was also ist Kultur? _____ 103
    Wer die Kultur falsch beeinflusst, zerstört am Ende,
    was er anfangs aufgebaut hat _____ 105
    Die Sache richtig anpacken: drei Basisoptionen _____ 108
    Eine kulturelle Bestandsaufnahme ist nötig _____ 115
    Was Sie tun müssen – eine Checkliste _____ 119

Spielregel 6: Kommunikation
Schaffen Sie Zustimmung und Orientierung
und nehmen Sie Erwartungen auf! _____ 120
    Verstehen Sie, was Ihre Zielgruppen brauchen _____ 127
    Sie müssen sich über Ihr Kommunikationsziel
    im Klaren sein _____ 130

Entwickeln Sie einen allumfassenden Plan _____ 131
Überwachen Sie das Ergebnis der Kommunikation
regelmäßig _____ 136
Versuchen Sie, Ihre Kommunikation ehrlich
einzuschätzen und zu verbessern _____ 137
Was Sie tun müssen – eine Checkliste _____ 139

Spielregel 7: Risikomanagement
Seien Sie proaktiv statt reaktiv! _____ 140
   Risiko: Nicht vermeiden, sondern managen _____ 144
   Projekte müssen priorisiert werden _____ 148
   Zunächst kritische Fragestellungen herausfinden,
   dann Annahmen treffen, schließlich Risiken identifizieren _____ 150
   Risiken nach Dringlichkeit kategorisieren _____ 153
   Nehmen Sie die Risiken an und priorisieren Sie sie _____ 155
   Was Sie tun müssen – eine Checkliste _____ 158

Ein Blick nach vorn: Erwarten Sie das Unerwartete _____ 159
   Drei weltweite Anbieter pro Branche – ist das die Zukunft? _____ 161
   Welche Fusion wird als Erste zu einem wirklich globalen
   Unternehmen führen? _____ 163
   Wie sieht die Zukunft für „alte" Industrien aus
   und wie für die „neuen"? _____ 164
   Rücken Marken noch stärker in das Zentrum
   der Kundenaufmerksamkeit? _____ 165

Firmen- und Personenregister _____ 167

Die Autoren _____ 171

Fusionen – eine Sucht, die oft zu Katerstimmung führt

Natürlich geht es um den Unternehmenswert. Wann immer zwei zusammengehen, wird jedem die gute Neuigkeit mitgeteilt: Wir werden effizienter, wir werden effektiver, wir wachsen, wir steigern den Gewinn, wir steigern den Shareholder Value. Diese hohen Erwartungen werden leicht zu „self-fulfilling prophecies", weil der Aktienmarkt sehr stark auf der Meinung von Analysten basiert. Und worauf hören Analysten? Richtig! Analysten hören in die Unternehmen hinein und nehmen auf, was dort verkündet wird. Wenn eine Fusion die Aussicht auf Shareholder Value verspricht, dann wird dieser in der Regel auch entstehen – zumindest kurzfristig.

Unternehmen wollen genau diesen Shareholder Value unbedingt schaffen. Deshalb sind wir weltweit auf einem absoluten Höchststand hinsichtlich Fusionen und Unternehmenskäufen. Ist das schon der Zenit? Oder geht es weiter? Rollt die Fusionswelle noch eine Weile, bevor sie den Kamm erreicht und in sich zusammenbricht?

Tatsache ist, dass viele, ja allzu viele Fusionen die genannten hehren Ziele gar nicht erreichen, sondern eher Wert zerstören. A. T. Kearney hat 115 Transaktionen weltweit untersucht und herausgefunden, was auch frühere Studien schon angedeutet haben: 58 Prozent der Fusionen konnten den Unternehmenswert nicht steigern. Stattdessen werden sie häufig zu Enttäuschungen für die Aktionäre, weil sie die Wertsteigerung nicht nur nicht erreichen, sondern im Gegenteil sogar den als aktuell angesetzten Wert noch „unterbieten".

Allein 1998 gab es weltweit 20 000 Fusionen – größere und kleinere. Der Gesamtwert all dieser Transaktionen lag bei etwa 2,5 Billionen US-Dollar, das ist mehr als ein Drittel des Bruttosozialproduktes in den USA. Wenn also 10 000 Fusionen Wert zerstört haben, dann stellt sich die Frage: Wie viele Milliarden sind das wohl gewesen?

Waren die Strategien dieser Unternehmen nicht gezielt genug? Haben sie nicht zugehört, als Peter Drucker schon in den 80er-Jahren vorschlug, dass eine Fusion nicht allein auf finanziellen Erwartungen basieren sollte, sondern auf Gemeinsamkeiten eher operativer Art, also hinsichtlich Marktbearbeitung oder Technologiebasis? Haben sie ihre Lektion nicht gelernt, als erfolgreiche „Werkzeuge" wie das „pathfinder model" von GE Capital eingeführt wurden? „Pathfinder" geht davon aus, dass Strategieformulierung der erste Schritt sein sollte, wenn es um eine Akquisition oder Fusion geht: Was haben wir vor für unser Unternehmen? Wie wollen wir unsere Ziele erreichen?

Oder hat es wirklich Unternehmen gegeben, die das Thema Strategie für sekundär gehalten haben, weil die Aussicht auf hohe finanzielle Gewinne eine deutlichere Sprache gesprochen hat? Wir wollten herausfinden, was eigentlich in den Fällen passiert ist, die nicht zur Wertsteigerung, sondern zu Wertvernichtung geführt haben. Warum wird der allerorten abrufbare Rat in den Wind geschlagen, sobald eine Fusion in ihrer ganzen Komplexität konkret ansteht?

Genau auf diese Frage ist eine Antwort nur sehr schwer zu erhalten, denn im Nachhinein erinnern sich auch Unternehmen nur schwer, was eigentlich das Problem war oder welches aus der Vielzahl der Probleme den Ausschlag gegeben hat. Was die Unternehmen jedoch wissen, ist, wo die Risiken liegen.

Die meisten haben erkannt, dass die Integrationsphase nach dem Deal äußerst kritisch ist und aufgrund des Zusammenstoßes von zwei Kulturen sehr sensibel gehandhabt werden muss. Viele Unternehmen wissen auch, dass schon vor dem Abschluss Themen wie Strategie und Due-Diligence den Grundstein für den späteren Erfolg legen, weil ansonsten keine zielgerichtete Vorgehensweise möglich ist. Was es im Einzelnen ist, das an der einen oder anderen Stelle besser gehandhabt werden muss, wissen schon erheblich weniger Unternehmen. Wüssten sie es genauer, wäre die Erfolgsquote von Fusionen erheblich höher.

Die Tatsache, dass trotz zahlreicher Veröffentlichungen die Probleme in den kritischen Phasen vor und nach dem Deal nur in wenigen Fällen wirklich zufriedenstellend gelöst werden, hat uns bewogen, uns in diesem

Buch schwerpunktmäßig mit der Integrationsphase zu beschäftigen und Spielregeln für eine erfolgreiche Integration abzuleiten. Zunächst möchten wir jedoch noch ein paar flankierenden Fragen nachgehen: Was passiert eigentlich, wenn zwei Unternehmen fusionieren? Was sind wichtige Schritte vor dem Deal, und wie können sie die Integration beeinflussen?

Was wir anstreben, ist mehr als der übliche wohlmeinende Rat. Stattdessen wollen wir Situation für Situation, Spielregel für Spielregel und Beispiel für Beispiel deutlich machen, wie man es strategisch, aber auch operativ besser machen kann.

Den Wandel in den Griff bekommen

Unsere Erfahrung zeigt, dass – auch wenn Strategie nicht für wichtig gehalten wird und die Fusion für schnellen Gewinn oder als Egotrip unternommen wird – es immer Veränderungen in den beteiligten Unternehmen gibt. Wird das Thema Strategie tatsächlich ignoriert, bleiben die Themen Wachstum und Integration, die auf jeden Fall eine Rolle spielen und die beide nicht ohne Veränderungen vorstellbar sind.

Und Veränderung – das ist eine Spielregel ohne Ausnahme – macht allen Menschen Angst. Hier kommt es darauf an, dass alles bestens vorbereitet wird. Wenn das Management den Wandel nicht wirklich versteht und in allen Varianten antizipiert, ist es sehr unwahrscheinlich, dass die Mitarbeiter es ihrerseits schaffen, damit fertig zu werden.

Wenn Sie also während Ihres Arbeitslebens als Manager das Problem haben sollten, dass Ihr Unternehmen verkauft bzw. gekauft wird oder dass Sie selbst eines kaufen, werden Veränderungen auf Sie zukommen. Sie werden die Notwendigkeit des Wandels auf die Fusion schieben. Ohne diesen abrupten Wechsel in vielen Paradigmen Ihres Unternehmens hätte man bequem so weitermachen können wie bisher.

Sie merken schon, an diesem Punkt geht es schnell um Schuldzuweisung. Tatsächlich müssen sich Unternehmen, denen wegen einer Fusion Veränderungen nachhaltiger Natur ins Haus stehen, fragen lassen, warum sie verschiedene Dinge im „alten" Unternehmen nicht schon längst geändert haben.

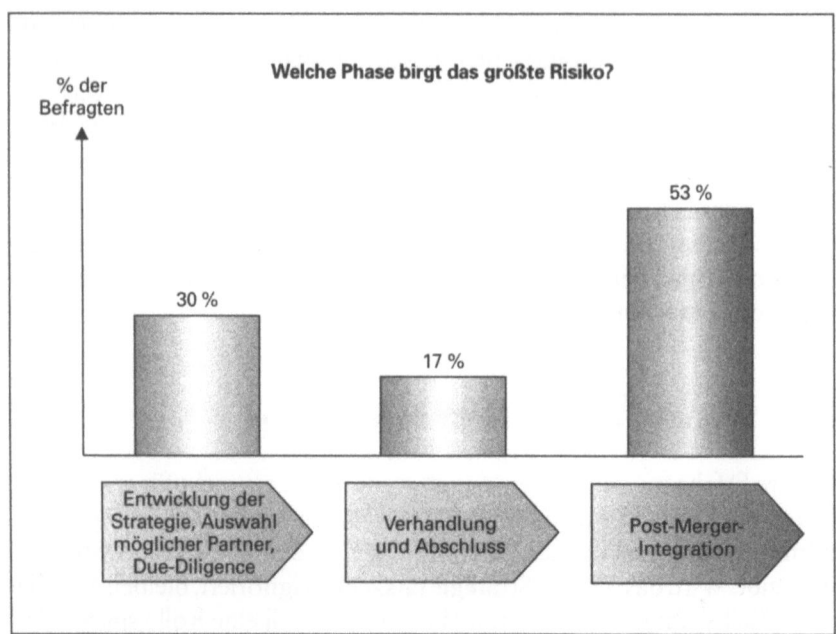

Abbildung 1: Risiken während einer Fusion

Das heißt, die Veränderungen kommen tatsächlich oft weniger von außen, als die Betroffenen annehmen. Damit ist auch gesagt, dass die landläufig unter „change management" zusammengefassten Aktivitäten in der Regel nicht wirklich überraschend kommen, nicht so überraschend jedenfalls wie wirklich revolutionäre Veränderungen, wie zum Beispiel die Einführung des PC oder der mobilen Telefonie.

Je mehr wir die Tatsachen und damit das Paradoxon des „konstanten Wandels" akzeptieren, desto mehr wird die Veränderung Teil unseres Lebens. M&A ist heute einfach nicht mehr wegzudenken. Es muss schon ein „Mega-Deal" sein, der die Menschen aufmerken lässt. Wer hätte zum Beispiel gedacht – und selbst ausgekochte Börsenanalysten kamen nicht auf die Idee –, dass sich Monolithen wie die Deutsche Bank und der Bankers Trust zusammentun, um den größten Finanzdienstleistungskonzern der Welt zu bilden. Oder wer hätte erwartet, dass ausgerechnet Daimler-Benz sich mit Chrysler soweit arrangieren könnte, dass es tatsächlich zu einer vollständigen Fusion kommt? Tagtäglich werden neue Transaktionen verkündet, die von Optimisten und Pessimisten gleichermaßen laut begrüßt werden – entweder mit Euphorie oder mit bitterem Sarkasmus.

Das Fusionsfieber zur Jahrtausendwende erinnert gelegentlich noch an archaische Zeiten, als ein Stamm den anderen eroberte und zum Zeichen der Überlegenheit die ganze persönliche Habe der Besiegten an sich brachte, um den eigenen Besitz entsprechend aufzustocken. Die „Eroberer" heutiger Zeiten gehen nicht ganz so weit, aber auch sie schaffen es ohne weiteres, bei den Unterlegenen sehr gemischte Gefühle hervorzurufen, die nicht so weit von dem entfernt sind, was die Leute im Eroberer-Unternehmen selbst fühlen – denn auch für sie heißt es: „Veränderung".

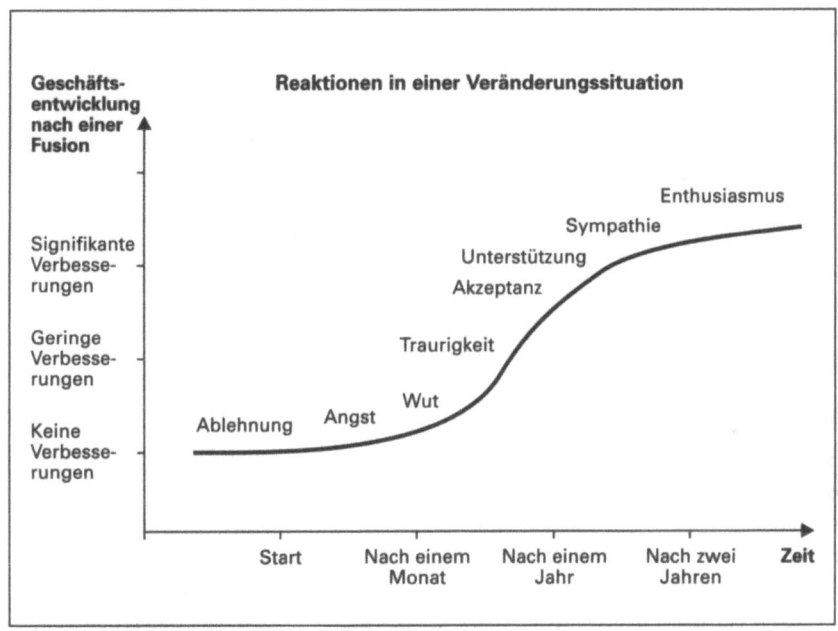

Abbildung 2: *Verhalten während einer Fusion*

Beide Reaktionen sind jedoch leicht unterschiedlich. Die Mitarbeiter des Käufers haben zunächst keine nennenswerten Probleme. Sie fühlen sich federführend und rechnen kaum mit Veränderungen auf ihrer Seite. Sie ahnen noch nicht, dass die Herausforderungen für sie nahezu gleich groß sind: Die neuen Kollegen verhalten sich ungewohnt, der neue Vorgesetzte spricht häufig in Rätseln. Man stellt sich nach und nach darauf ein, und schon beginnt die Veränderung. Selbst wenn wenig Integration geplant ist, selbst wenn jeder das Gleiche tut wie vor der Fusion, ändert sich vieles. Häufig ist es nur die Grundeinstellung der Mitarbeiter, die umschlägt – in der Regel mit negativen Vorzeichen.

Die Entwicklung verläuft auffälligerweise ganz ähnlich wie nach einer Nachricht über eine lebensbedrohende Krankheit. Sie reicht von Ablehnung über Angst, Zorn, Trauer bis zu Akzeptanz. Im Falle einer Fusion kann es sogar zu ganz neuer Freude an der Arbeit kommen.

Warum Mitarbeiter so reagieren, hat damit zu tun, dass in der Regel fünf Faktoren ihre Einstellung beeinflussen:

- Status- und/oder Einflussverlust
- Mangel an Transparenz bezüglich des Sinnes der Transaktion
- Energischer Kampf ums „Überleben"
- Größeres Arbeitsvolumen aufgrund der Tatsache, dass Kollegen freiwillig oder unfreiwillig das Unternehmen verlassen
- Ansteckung des Privatlebens

Wachstum – großzügig und kleinlich zur gleichen Zeit

Heute sind die meisten Unternehmen so zivilisiert, dass von den Eroberer-instinkten nur noch Rudimente vorhanden sind. Die landläufige Meinung hat sich durchgesetzt, dass Fusionen nicht mehr nur das Manifest der Größenvisionen geltungsbedürftiger Manager sein dürfen. Größe um jeden Preis ist „out". Damit beginnt das Dilemma für viele Unternehmenslenker. Natürlich fühlen sie sich verpflichtet, in Wachstumsdimensionen „groß" zu denken; gleichzeitig aber müssen sie die allgegenwärtige Kostensenkungsneutralität verinnerlichen, was sie eher in Richtung „Downsizing" treibt, ihnen also abverlangt, „klein" zu denken.

Dieses Paradoxon auszubalancieren ist nicht einfach. Deshalb wird dies häufig gar nicht versucht, und wenn, dann ohne Stimmigkeit und Eleganz. Dabei ist eines sicher: Eine Strategie, die nur auf Kostensynergien schielt und darauf baut, dass Wachstum im Zuge einer Fusion schlicht auf der

Gleichung „1 plus 1 gleich 2" beruht, verdient ihren Namen nicht. Leider haben das noch längst nicht alle fusionierenden Unternehmen eingesehen. Noch immer vernachlässigen viele die Tatsache, dass zuerst eine Strategie da sein muss, dass eine Fusion ein Weg sein kann, diese Strategie zu verfolgen, und dass diese Fusion eben weit mehr Möglichkeiten eröffnen sollte als die oben erwähnte allzu simple Gleichung. Je nach Strategie bieten sich unterschiedliche Typen von Fusionen an:

Unterschiedliche Strategien, unterschiedliche Fusionstypen mit unterschiedlichen Erfolgsaussichten

Scale: Skaleneffekte sind hier die treibenden Kräfte für den Käufer – in erster Linie in reifen Märkten. Solche Fusionen mit ehemaligen Wettbewerbern bringen die Stückkosten wieder auf ein wettbewerbsfähiges Niveau oder lasten vorhandene Kapazitäten besser aus. Derzeit sind etwa 70 Prozent aller Fusionen, zum Beispiel in den Bereichen Stahl, Schwermaschinen, Finanzdienstleistungen oder – seit neuestem dereguliert – Energieversorger, solche „Scale Merger".

Stream: Die strategische Absicht hier ist die vertikale Integration, sei es „upstream" oder „downstream", mit dem Ziel, einen größeren Anteil an der Wertschöpfungskette zu kontrollieren. Diese Art der Fusion ist seit der Erkenntnis über die Bedeutung von Kernkompetenzen stark zurückgegangen. Ein Beispiel für erfolgversprechende vertikale Fusionen ist die Ölindustrie, die zum Beispiel Explorationsunternehmen und auch Handelshäuser integriert hat.

Concentric: Diese Fusionen dienen der Wertsteigerung des Produktangebots dem Kunden gegenüber. Durch die verbesserte „value proposition" lässt sich die Kundenbindung erhöhen. Beispiele für diese Art von Fusionen haben Banken/Versicherungen oder Management Berater/EDV-Unternehmen gegeben.

Lateral: Fusionen dieser Art waren in den 80er-Jahren populär, aber selten erfolgreich. Hauptziel war immer, heterogene Geschäftsbereiche um einen zentralen Kompetenzkern herum anzusiedeln. Das beste Beispiel ist der Automobilhersteller, der seine Kernkompetenzen nicht versteht und versucht, ein Technologieunternehmen zu gründen, in dem die Automobilproduktion nur ein Bereich unter vielen ist.

Heute haben die erfolgreichen Unternehmen, die fusioniert haben oder gerade dabei sind, begriffen, dass sie sich auf Größen- und Skaleneffekte konzentrieren müssen und dass echtes Wachstum das übergeordnete Ziel einer Fusion sein muss. An die Stelle von Illusionen sind realistische Visionen getreten, die mit den entsprechenden Strategien in die Tat umgesetzt werden. Das ist sicherlich eine der positiven Botschaften, die uns der A. T. Kearney Global PMI Survey vermittelt hat. Die neuen Ziele der Unternehmen sind klarer und durchdachter, und es hat den Anschein, dass das Fusionsfieber auf erträgliche Temperatur gebracht worden ist. Nicht mehr die „schnelle Mark" steht im Zentrum der Überlegungen, sondern das künftige Schicksal des Unternehmens.

A. T. Kearney's Global PMI Survey ist eine Hilfe, die Fusionen der 90er-Jahre besser zu verstehen. Die erfolgreichen Unternehmen haben vieles von dem richtig gemacht, was nach unseren Erkenntnissen getan werden muss, um eine Fusion in den Griff zu bekommen:

- Auf Erfahrung setzen: 74 Prozent der erfolgreichen Fusionen wurden von Managern abgewickelt, die mit Integrationsprojekten Erfahrung hatten.

- Nicht in völlig neue Bereiche vorstoßen: Die Top-Fusionierer haben zu 80 Prozent Unternehmen in der gleichen Sparte gekauft: 36 Prozent waren direkte Wettbewerber, in 44 Prozent der Fälle war das Geschäft immer noch sehr nahe verwandt.

- Sich auf das Kerngeschäft konzentrieren: 48 Prozent der erfolgreich fusionierten Unternehmen bleiben mit der Fusion im Kerngeschäft ihrer Geschäftstätigkeit. Nur 19 Prozent der weniger erfolgreichen haben sich auf diese Weise konzentriert.

- Über finanzielle Rückendeckung verfügen: Finanzielles Durchhaltevermögen macht einen großen Unterschied. Die erfolgreichen Fusionen waren alle durch gesunde finanzielle Verhältnisse abgedeckt, was bei den weniger erfolgreichen seltener der Fall war.

- Fusionen unter Gleichen vermeiden: Die sogenannten „mergers of equals" sind kein Erfolgsrezept. Unter den am besten funktionierenden Fusionen waren nur sieben Prozent als „mergers of equals" einzuordnen.

Haben sich die Dinge also in den letzten 20 Jahren wirklich verbessert? Unsere Antwort ist ein überzeugtes Ja. Viele gegenwärtige M&A-Initiativen waren strategischer Natur. Ihre Absicht war, das neue Unternehmen durch Quantensprung-Veränderungen wettbewerbsfähiger zu machen als zuvor. Was wir jedoch nicht sagen können und wollen, ist, dass alle Fusionen heute tatsächlich im Endeffekt erfolgreich sind. Wir müssen sehen, dass die Situation sich derzeit sehr stark im Fluss befindet. Das führt dazu, dass vieles von dem, was heute bereits besser gemacht wird als noch vor zwei Jahren, noch nicht zur Wirkung gekommen ist, dass aber auch viele Erkenntnisse noch gar nicht umgesetzt worden sind. Bis das geschafft ist, wird eine Fusion nicht zum Standardrepertoire der Unternehmen gehören und deshalb immer mit Unsicherheiten verbunden sein.

Was schief gehen kann, geht schief

Es gibt immer noch zahlreiche Bereiche, in denen sich fusionierende Unternehmen völlig falsch verhalten. Anstatt sich darauf zu konzentrieren, die Grundregeln zu beachten, unterlaufen vielen Unternehmen gerade in diesen Bereichen oft grobe Schnitzer. Neben unserem Survey weist auch die Praxis immer wieder auf bestimmte Problembereiche hin:

Vision

Fusionspartner haben in den seltensten Fällen eine Vorstellung davon, wozu ihr Zusammenschluss letztendlich führen soll. Den einschlägigen Zeitungen und Zeitschriften kann man entnehmen, dass Kostensynergien stets im Zentrum der Überlegungen stehen. Ob das nur verkündet wird, weil die Analysten es gerne hören und auch honorieren, bleibt offen. Eine Vision zu haben macht bei Analysten jedenfalls deutlich weniger Eindruck, und die dazugehörige Strategie wird wegen ihrer bestenfalls mittelfristigen Wirkung nicht für glaubwürdig gehalten. Das mag ein Grund sein, warum nur bei wenigen Fusionen dem Thema Vision Zeit und Aufmerksamkeit gewidmet werden.

Führung

Die meisten fusionierenden Unternehmen lassen sich mit dem Festlegen der neuen Führungsriege reichlich Zeit. Ein hoher Prozentsatz zieht ein vorübergehendes Chaos den eigentlich erforderlichen klaren Verhältnissen von vornherein deutlich vor. Konsequenz des Chaos ist nur allzuoft „survival of the fittest", womit dann der Zweck erreicht wäre. Diese Art von Darwinismus verschwendet jedoch wertvolle Zeit, und oft gehen auch Personalressourcen verloren, die man lieber an Bord behalten hätte.

Wachstum

Viele Unternehmen haben noch nicht realisiert, dass Wachstum eigentlich das zentrale Fusionsthema ist – stattdessen konzentrieren sie sich auf die schon erwähnten Kostensynergien. Dass es hier kurzfristige Erfolge gibt, ist unbestritten, nur sind die schnellen Einsparungen wenig konstruktiv, wenn es um den Aufbau eines auch in der Zukunft erfolgreichen Unternehmens geht. Zudem: Kostensenkungsprogramme sind immer nur punktuell wirksam. Schon nach wenigen Jahren wird das Kostenproblem wieder bestehen, wenn nicht bis dahin Wachstum erzielt wurde, das die Ressourcen besser auslastet.

Schnelle Gewinne

Häufig verlieren Unternehmen den Bezug zur Realität. Sie glauben, dass alle Mitarbeiter die Notwendigkeit der Fusion einsehen und gerne im neuen Unternehmen mitarbeiten. Die Wirklichkeit sieht anders auch: Die meisten Mitarbeiter – egal auf welcher Seite – werden nicht spontan das gute Gefühl haben, dass diese Fusion erfolgreich sein wird. Das heißt, sie sind nicht grundsätzlich der Meinung, dass sie in diese Sache Zeit und Mühe investieren sollten. Diese zögernde Einstellung kann verändert werden durch Signale, die schnelle Gewinne zeigen: Wenn sehr schnell hervorragende greifbare Ergebnisse erzielt und kommuniziert werden, dann werden die meisten Mitarbeiter eher bereit sein zu glauben, dass die ganze Fusion zu einem guten Ende führt. Entsprechend wird sich ihre Einstellung ins Positive wenden.

Kultur

Die meisten Unternehmen negieren das Vorhandensein kultureller Barrieren zwischen den Fusionspartnern. Sie vernachlässigen die Tatsache, dass Veränderung auf beiden Seiten notwendig ist, wenn eine neue Kultur entstehen soll, und versäumen es deshalb, das Thema Kultur professionell anzugehen.

Kommunikation

Viele Firmen haben hochbezahlte „Kommunikationsmanager" eingestellt, die den Transfer von zwei alten in ein neues Unternehmen reibungslos gestalten sollen. Trotz dieser Profis fehlt meistens die richtige Kommunikation. Mit Rundschreiben an alle und Kundenmailings ist das Ganze nicht getan. Jeder muss einbezogen werden, damit Unsicherheit und Frustration verschwinden. Außerdem fühlt sich jeder, der mitreden kann, fair behandelt und ist eher geneigt, einer Neuerung offen gegenüberzutreten.

Risikomanagement

Leider haben die meisten Unternehmen diesem Aspekt bisher viel zu wenig Zeit gewidmet. Natürlich gibt es in der Fusionssituation unzählige Risiken, die im Extremfall das Projekt gefährden können. Wenn diese überhaupt diskutiert werden, dann aber nur rein theoretisch. Praktisches Management findet nicht statt. Deshalb werden aus Risiken sehr schnell Bedrohungen, Erfolgsbarrieren und Katastrophen. Mit professionellem Risikomanagement ließe sich vieles besser machen.

Entscheidendes läuft vor dem Deal

Was können Unternehmen im Fusionsfieber tun, um einen dauerhaften Kater nach der Fusion zu vermeiden? Sie sollten natürlich die Integrationsphase richtig und regelgerecht managen. Wichtig ist, dass vieles schon vor Beginn der eigentlichen Integration geschieht. Dabei geht es in erster Linie um die Due-Diligence in der Vorphase. Sie könnte die spätere Integration besser vorbereiten, wenn sie gründlicher und umfassender wäre. Außer dem Erheben von Finanzzahlen sollten die Bereiche Strategie und Geschäft im Einzelnen untersucht werden.

Während sich die klassische, rein finanzielle Due-Diligence an den in der Vergangenheit entstandenen Daten orientiert, sollte heute viel mehr Wert auf die zukünftigen Aussichten des Unternehmens gelegt werden. Damit müssen Businessthemen wie Kunden, Konkurrenz, Kosten etc. ebenso behandelt werden wie die Strategie.

Um weiter zu kommen und die Fusion zu bewältigen, braucht das neue Unternehmen eine gemeinsame Blickrichtung. Ein Wettbewerbsvorteil muss erarbeitet und ein Wachstumsimpuls erkennbar werden. Ohne eine Beurteilung der Strategie und ihrer Implikationen auf operativer Seite wird hier keine Zukunftsausrichtung deutlich. Damit ist klar, dass eine rein finanziell ausgerichtete Due-Diligence nur limitiert nutzbar ist. Wenn

Strategie als Themenbereich dazukommt, stehen die Aktivitäten der Integrationsphase auf wesentlich kräftigeren Beinen als ohne Strategie.

In diesem Zusammenhang kommt auch dem „Program Office" Bedeutung zu. Hier findet der „War Room" aus der Due-Diligence-Phase seine Fortsetzung. Als „Program Office" ist er ein wichtiger Bestandteil des Integrationsprozesses, genaugenommen sogar sein Dreh- und Angelpunkt:

- Ein „Program Office" stellt sicher, dass alle Leitsätze und Prinzipien in Maßnahmen und Ziele überführt werden. Später dann hilft es, den Erfolg zu überwachen und zu messen. Es hat auch eine wichtige Funktion, wenn es um Change Management geht.

- Hochkalibrige Mitarbeiter beider Unternehmen sollten das „Program Office" als ihre erste gemeinsame Erfahrung erleben und im Team daran gehen, das Unternehmen von hier aus zu unterstützen, den Prozess zu steuern und die Mitarbeiter zu Einzelaktivitäten anzuregen.

- Wegen seiner einmaligen Position und der bilateralen Besetzung gewinnt das „Program Office" im Zuge des Integrationsprozesses an Bedeutung. Es wird in der Lage sein, viele der Themen, die sonst dem Erfolg im Wege stehen, einer Lösung zuzuführen.

Was erfolgreiche Fusionsintegration eigentlich ist

Die sieben Regeln für den Erfolg von Fusionen sind natürlich kein Hexenwerk. Sie beschäftigen sich mit drei Aktionsbereichen, die kritisch für den Erfolg von Integrationsprojekten sind:

Zustimmung
Alle Ebenen in beiden Unternehmen müssen letztendlich die Ziele der Fusion verinnerlichen. Deswegen muss Zustimmung sehr schnell und sehr breit erzielt werden.

Orientierung
Die Mitarbeiter müssen permanent über alle relevanten Einzelheiten informiert werden, damit sie die Vision unterstützen und die Erklärung, warum die Fusion erforderlich ist, auch nachvollziehen können. Dazu braucht das neue Unternehmen eine gemeinsame Richtung, an der sich alle wie an einem Kompass orientieren.

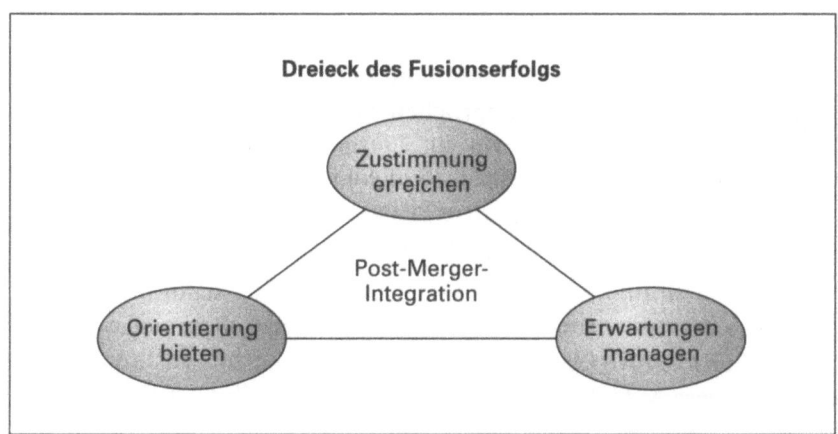

Abbildung 3: Drei Kernpunkte einer erfolgreichen Post-Merger-Integration

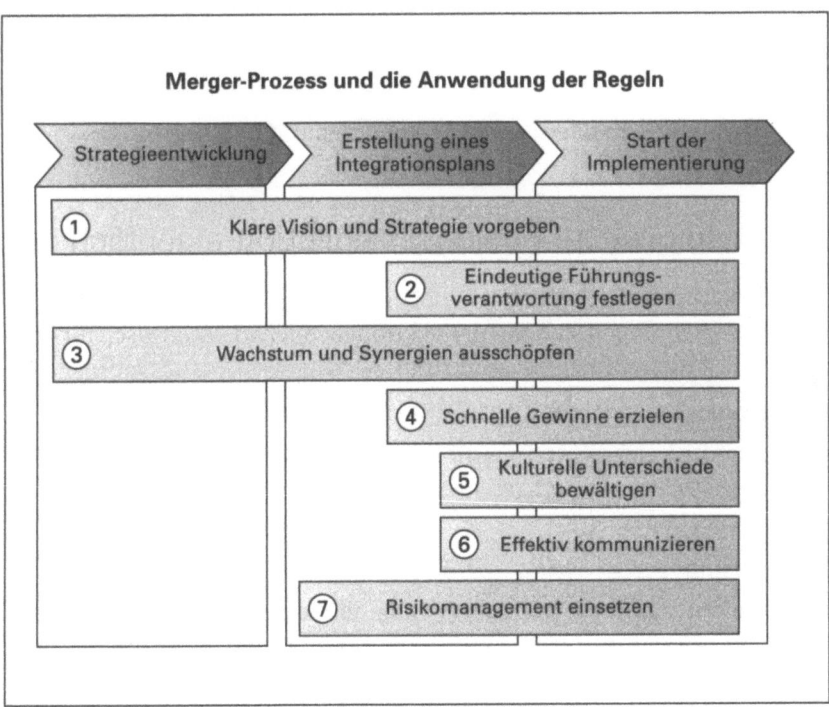

Abbildung 4: Überblick über den Merger-Prozess

Erwartungen

Alle Erwartungen – innerhalb und außerhalb des Unternehmens – müssen proaktiv gemanagt und besprochen werden. Dazu gehört offene und ehrliche Information ebenso wie das Zuhören, wenn die Mitarbeiter Kritik üben oder Bedenken vortragen. Nur wer erfährt, welche Erwartungen realistisch und welche unrealistisch sind, wird durch das Projekt nicht enttäuscht werden – denn natürlich ist die Fusion nie das Ende aller Probleme.

Keine der folgenden sieben Regeln ist ein unfehlbares Rezept für gelungene Post-Merger-Integration. Es gibt kein Allheilmittel, das hundertprozentig für diese Aufgabe geeeignet ist und sichere Hilfe bei Problemen gewährt.

Allerdings wird jeder Manager, der die Ratschläge der nächsten Kapitel befolgt, mehr erreichen, als wenn er es nicht täte. Er kann sicher sein, dass die Integration besser klappt, die Strategie gezielter verfolgt wird und dass es auch keine Klagen beim Shareholder Value gibt.

Die sieben Schlüsselfaktoren erfolgreicher Fusionen

Spielregel 1: Vision
Schaffen Sie Klarheit über die Zukunft und den Weg dorthin!

IN KÜRZE:

Auf den ersten Blick ist die Integration nach Fusionen eine kaum zu bewältigende Aufgabe, verbunden mit langen Listen von Maßnahmen und Einzelaufgaben. Es geht um die vielen Gelegenheiten, die genutzt werden sollten, und um Entscheidungen, die gefällt werden müssen. Sich hier allzu viele Gedanken zu machen ist allerdings unnötig, bevor nicht die Vision für das neue Unternehmen bekannt ist. Die Vision kommt immer zuerst.

Wie wichtig eine Vision im Zusammenhang mit der Integration nach Fusionen – oder Post-Merger-Integration (PMI) – ist, hat unser Global PMI Survey gezeigt. Diese Untersuchung hat Ende der 90er-Jahre zwei wichtige Fakten aufgedeckt:

> **Fakt 1: Kompatibilität ist den meisten Unternehmen bei der Fusion wichtiger als die gemeinsame Vision.** 78 Prozent halten demnach eine parallele Vergangenheit für wichtiger als eine gemeinsame Vorstellung von der Zukunft.

> **Fakt 2: Der Großteil der Fusionen schlägt fehl.** Mehr als die Hälfte aller Fusionen – etwa 58 Prozent – sind letztendlich keine Erfolge, weil sie die gesteckten Ziele deutlich verfehlen.

Eine Vision ist von großer Wichtigkeit, wenn man sich Rechenschaft darüber ablegen möchte, ob man das Richtige tut. Sie ist das Reagenz, das deutlich macht, ob wir unsere Aufgaben der großen Zielrichtung entsprechend verstehen, priorisieren und ausführen. Viele Fusionen mussten diese Erkenntnisse auf dem schweren Weg des Scheiterns erlangen. Erst die Orientierungslosigkeit im Laufe des Integrationsprojekts brachte sie auf die Idee, dass nur die gleiche Vision eine Gemeinsamkeit zwischen unterschiedlichen Unternehmen herstellen kann.

Sie fühlen sich bestens. Endlich wird Ihre Strategie „Wachstum durch Fusion" in die Tat umgesetzt. Es hat eine Menge Zeit gekostet, den richtigen Partner für einen Zusammenschluss zu finden. Er bietet eine breite Produktpalette an und ist sicherlich ein leistungsfähiges Unternehmen.

Inzwischen sind der Öffentlichkeit bereits Einzelheiten bekannt. Und Sie selbst möchten am liebsten sofort anfangen, Ihren Traum von der Wachstumsfusion in die Tat umzusetzen.

An einem der nächsten Abende treffen Sie einen früheren Kollegen zum Essen, der heute als Börsenanalyst arbeitet. Auf dem Weg ins Restaurant erwähnt Ihr Bekannter, dass die Fusion bereits in allen Zeitungen Schlagzeilen macht und dass Sie an diesem Nachmittag schon dreimal im Fernsehen zu sehen waren. Dazu kommt die Frage, auf die Sie sehnlichst gewartet haben: „Was ist jetzt Ihre Vision für das neue Unternehmen?"

Tolle Frage! Genau das, wofür Sie sich schon wochenlang eine gute Antwort überlegt haben.

Sie beginnen eine ganze Serie geplanter Marketing-Initiativen aufzulisten. Dann beschreiben Sie ein paar Ideen zum Thema Produktentwicklung, die Sie von Ihrem Partnerunternehmen aufgeschnappt haben. Diese Ideen liegen dort bereits seit Jahren in der Schublade. Sie sprechen von der hohen Priorität von E-Commerce, wo es derzeit großartige Möglichkeiten gibt, die Sie alle nutzen wollen. Dann das Thema Indien! Sie erläutern, was Ihnen vorschwebt hinsichtlich einer Übertragung der gesamten Datenverarbeitung nach Bangalore, um Kosten zu sparen und die Fähigkeiten indischer Programmierer zu nutzen. Weiterer Punkt: ein Produktionsstandort in Südchina. Globaler Wettbewerb dürfte für Ihr Unternehmen bald kein Problem mehr sein.

Sie fragen Ihren Freund nun also, was er von der Sache hält. Gleichzeitig erreichen Sie das Penthouse, wo das Restaurant auf Sie wartet. Die Antwort Ihres Gastes entspricht keineswegs Ihren Erwartungen: „Wussten Sie, dass dieser Aufzug elf Leute fasst?", fragt er Sie lässig. „Ich möchte wissen, wo die alle untergebracht werden können."

Viele Aspekte des Geschäftslebens – von der Strategie bis zu detaillierteren Einzelplänen – können als Vision missverstanden werden. Aber die Entwicklung einer wirklichen Vision, wie wir sie in diesem Abschnitt des Buches beschreiben wollen, ist wichtiger als je zuvor. Das hängt damit zusammen, wie schnell sich der Wandel in der Weltwirtschaft derzeit vollzieht. Wo es um den Wandel geht, der durch die Fusion zweier Unternehmen hervorgerufen wird, ist die Vision der neuen Gesellschaft ein zentraler Punkt. Nur sie ermöglicht es, von Anfang an die Zustimmung aller Beteiligten zu bekommen und ihre Erwartungen im Griff zu behalten. Vor allem aber gibt die Vision Orientierung, die entscheidend ist, wenn es darum geht, die knappen Ressourcen zu fokussieren.

Sowohl die Technologie als auch die Routinen, die das Geschäft heute treiben, waren vor zehn Jahren reine Science Fiction. Keinen hat ein Schlagwort wie „Konvergenz" in den 80er-Jahren auch nur am Rande interessiert. Niemand war sich klar darüber, wie sehr IT ein Teil des täglichen Lebens werden würde – und das nicht nur im Beruf. Selbst „Propheten" wie Alvin Toffler oder John Naisbitt konnten die Entwicklung, die inzwischen eingetreten ist, nicht im Entferntesten voraussehen.

Top-Manager befürchten, dass sie die Kontrolle über die Entwicklung verlieren – kein Wunder angesichts der revolutionären Veränderungen, die tagtäglich anstehen und verdaut werden müssen.

Die nahezu unermesslichen Gelegenheiten, die sich heute in Schwellenländern und den Staaten des ehemals kommunistischen Machtbereichs bieten, haben den Trend zur Globalisierung enorm verstärkt. Die enge Verbindung, die einzelne Staaten im Mercosur oder Asean eingegangen sind, hat zu einer Privatisierungswelle geführt. Damit haben die Regierungen auf den Druck des freien Marktes reagiert. Den gleichen Weg wie viele staatliche Unternehmen sind auch die Subventionen in vielen Industrien gegangen. Nur in der europäischen Landwirtschaft ist vom freien Spiel der Kräfte noch nicht die Rede.

Beispiele für revolutionäre Veränderungen und das damit verbundene Ohnmachtsgefühl der Vorstände sind weitverbreitet. Die Emotionen haben tieferliegende Gründe: Jeden Tag verschwinden, zum Beispiel in der Finanzdienstleistungsbranche oder in der Automobilindustrie, namhafte Unternehmen von der Bildfläche, weil sie gekauft werden oder fusionieren. Zur gleichen Zeit sind Visionäre dabei, ganze Industrien zu restrukturieren, was in den meisten Fällen zu erheblichem Wachstum und hohen Profiten führt.

Als vor mehr als 25 Jahren Gordon Moore von der kleinen kalifornischen Firma Intel behauptete, dass seine Ingenieure die wahren Revolutionäre der 60er-Jahre seien und er damit rechne, dass seine Computer-Chips alle 18 Monate ihre Kapazität verdoppeln würden, brachte er damit nicht nur ein gesundes Selbstvertrauen zum Ausdruck. Dass Intel heute ein Weltunternehmen ist, hat er vielmehr seiner visionären Kraft zu verdanken.

Wo wären wir ohne diese Vision, ohne Intel-Chips, ohne MS Office von Microsoft, ohne SAP, ohne Dienstleister wie AOL? Nichts im heutigen Geschäftsleben wäre auch nur annähernd so, wie es ist, wenn nicht immer wieder Visionäre am Werk gewesen wären. Diesen Menschen hat es nichts ausgemacht, jahrelang wenig anerkannt zu sein und schlecht zu verdienen. Sie haben aber der Kraft ihrer Idee vertraut und darauf ganze Industrien aufgebaut – nicht nur im Bereich Informationstechnologie.

Vision hilft, den Wandel zu schaffen und zu nutzen

Eine grobe Richtung ist wichtig. Erfolgreiche Unternehmen ziehen diese grundsätzliche – noch nicht strategische – Ausrichtung aus ihrer gemeinsamen Vision. Wenn die Mitarbeiter von Gordon Moore seine Vision verstanden haben, was offensichtlich der Fall war, war es relativ einfach für sie, die unternehmerischen Schritte des Visionärs nachzuvollziehen, die Überstunden in Kauf zu nehmen und eigene Gedanken in die ständige Verbesserung von Produkt und Service einzubringen.

Inzwischen haben viele Unternehmen diesen Mechanismus verstanden. Wenn jeder und alles in permanenter Bewegung ist, muss einfach ein Anhaltspunkt da sein, der den Menschen die grundsätzliche Frage „Wozu das alles?" schlüssig beantwortet.

Ohne dieses gemeinsame Richtungsgefühl würden nur wenige bereit sein, so ohne Weiteres die Herausforderung anzunehmen, zwei sehr unterschiedliche Unternehmen ineinander zu integrieren – in einer Phase, in der die Mitarbeiter unter Schock stehen und die Motivation merklich im Sinken begriffen ist. Gerade eine Fusionsintegration ist ohne Vision undenkbar, ganz gleich, was zu diesem Thema so alles in der Zeitung steht.

Wer Geschäftssinn hat, kann sich selbst sagen, dass Vision und Strategie die Grundlagen von erfolgreichen Fusionen sind. Nüchterne Zahlen reichen nicht aus. Wenn der Top-Mann eines Unternehmens seinen Mitarbeitern die Fusion mit einem bisherigen Wettbewerber „verkaufen" will, wird er deshalb immer darauf bestehen, dass er eine klare Vision und die darauf abgestimmte Strategie erarbeitet hat.

Zahlen sind eher etwas Handfestes und manchmal wichtig genug, um darüber etwas Imaginäres wie eine Vision zu vergessen. Wir alle kennen die Konfusion, die Buzzwords wie Vision, Strategie und „strategic fit" anrichten. Häufig versteht jeder etwas anderes darunter. Wenn wir einmal die gegenwärtige Fusionswelle betrachten und sie mit früheren Wellen vergleichen, lässt sich sehr gut nachweisen, dass das Ergebnis ohne Vision selten zufriedenstellend ist. Was wir auch zeigen möchten, ist, dass „fit" ein Schlagwort ist, dem nicht unbedingt zu trauen ist. Nicht zuletzt möchten wir unseren Lesern ein paar Leitsätze mit auf den Weg geben, die es ihnen leichter machen, eine Vision zu entwickeln und zu leben.

Wenn Sie sich näher mit dem Thema beschäftigen, werden Sie feststellen, dass von Professoren, Wirtschaftsführern und Medien letztendlich eine ganz klare, wenn auch selten so verbalisierte Botschaft gegeben wird. Diese Botschaft lautet *nicht*: Die globale, grenzenlose, virtuelle und immer mehr zusammenwachsende Wirtschaft steht am Abgrund des Chaos. Obwohl gute Gründe für die Erwartung des Chaos sprächen, lauten die Signale heute: Visionen haben, Strategie entwickeln, in operative Schritte umsetzen, Erfolg haben. Auch wenn das nicht neu klingt, ist es doch überraschend, dass diese Konzepte, die immerhin auf die 70er-Jahre zurückgehen, heute mehr denn je Gültigkeit haben.

Wenn das nur schon alle begriffen hätten! Zwei Fakten sehen derzeit noch etwas anders aus:

Fakt 1: „Fit" ist in den meisten Unternehmen wichtiger als die gemeinsame Vision. Unser Global PMI Survey hat ergeben, dass 78 Prozent aller M&A-Transaktionen deshalb unternommen werden, weil entschieden wurde, dass beide Unternehmen zusammenpassen, dass ein „fit" da ist. Wenn man näher hinschaut und die Kriterien für diesen „fit" untersucht, muss man erkennen, dass nicht viel dahintersteckt. Oberflächliche Vergleiche der Kundenstämme, der Produktpaletten oder der geographischen Marktabdeckung entscheiden pro oder contra „fit". Nicht selten sind es auch die Finanzdaten, die den „fit" generieren. Selbstverständlich ist es sinnvoll, hier Übereinstimmungen zu finden und zu nutzen, aber die „number crunchers" sollten nicht allein entscheiden, ob zwei Unternehmen zusammen erfolgreicher sein können als jedes von ihnen alleine.

Denn: Weder oberflächliches „Gut-Zusammenpassen" noch der „fit" in rein finanzieller Hinsicht können die Basis für einen zukunftsgerichteten Business Case sein.

Fakt 2: Der Großteil der Fusionen schlägt fehl. Wie wir unserer Studie entnehmen, in die 115 Unternehmen weltweit einbezogen waren, schlugen 58 Prozent der Fusionen weltweit fehl, das heißt, sie erreichten ihre Ziele nicht. Das liegt an unterschiedlichen Ursachen: Einige Fusionen schaffen das Klassenziel nicht, weil es einfach zu hoch gesteckt war. Andere erfüllen einige der Erwartungen, erbringen aber nicht die gleichen Leistungen wie der Wettbewerber hinsichtlich Wachstum und Rendite für die Aktionäre. Ein großer Teil der als nicht erfolgreich registrierten Fusionen hat also Werte zerstört, anstatt neue zu schaffen. Wir können hier nur bestätigen, was andere Untersuchungen vor uns ebenfalls herausgefunden haben. Es gibt praktisch keine Studie, deren Kernaussage nicht darum geht, dass wenigstens die Hälfte aller Fusionen letztlich keinen positiven Effekt hat. Interessant ist in diesem Zusammenhang, dass die Erfolgsquote nach der Art der Fusion sehr unterschiedlich ausfällt. Gerade die traditionellen Fusionstypen schneiden schlecht ab.

Kombiniert man nun die 78 Prozent derer, die meinen, „fit" sei das Geheimnis der erfolgreichen Fusion, mit den 58 Prozent, die keinen oder gar negativen Erfolg haben, wird sehr schnell deutlich, dass „fit" als Regel für eine funktionierende Fusion nicht in die Überlegungen einzubeziehen ist.

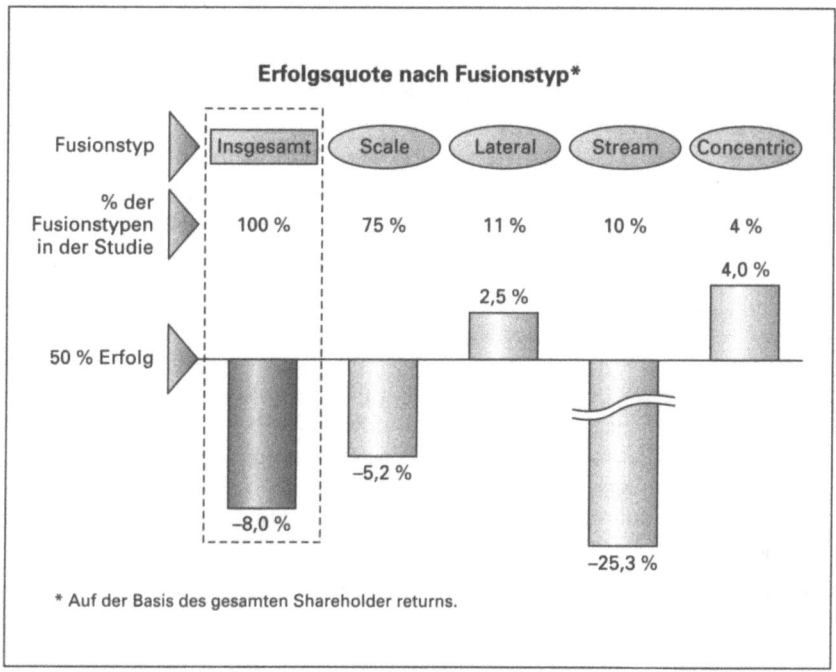

Abbildung 5: Erfolgsquote nach Fusionstyp

Vision heißt, Realität und Traum verbinden

Das Schaffen einer Vision ist nicht so einfach, wie es erscheinen mag. Eine Fusion mit einer unklaren oder unrealistischen Vision kann ebenso negative Auswirkungen auf den Shareholder Value haben wie eine Fusion, die lediglich nach dem Kriterium „fit" unternommen wurde. Viele undynamische und wenig anregende Visionen beruhen auf guten Ideen, die Leute in nächtelangen Diskussionen kreiert haben. So klingen sie dann auch: Zunächst viel versprechend, aber bei Tageslicht besehen dann doch eher unbrauchbar.

Diese Erfahrung haben Unternehmen auch schon in den 60er-Jahren gemacht. Damals, als Diversifikation das heiße Thema war, wurde Vision erst recht nur von den zu guter Letzt erfolgreichen Managern als Erfolgsfaktor erkannt. Der Deal, den wir hier erwähnen möchten, erinnert in vielen Aspekten an das heutige Fusionsfieber.

1968 taten sich in den USA Pennsylvania Railroad und die New York Central Railroad zusammen, um von da an als Penn Central zu firmieren. Es war damals die größte Fusion, die in den USA je stattgefunden hatte. Man könnte sagen: der erste Mega-Deal. Wir wollen nicht verschweigen, dass es auch der erste wirkliche Mega-Flop war. Penn Central ging bankrott, und damit wurde der im 19. Jahrhundert in den USA so vordringliche Wirtschaftsfaktor Eisenbahn von heute auf morgen in die Bedeutungslosigkeit zurückgedrängt. Zurück blieben Berge von Schulden.

Penn Central

Nach sechs Jahren Verhandlung und unzähligen Formalismen konnten die US-Railroads Pennsylvania und New York Central 1968 endlich fusionieren. Damals schien die Vision vom nahtlosen Passagier- und Fracht-Service an der amerikanischen Ostküste tatsächlich Wirklichkeit zu werden: Immerhin wies das neue Unternehmen einen Umsatz von ca. zwei Milliarden US-Dollar pro Jahr aus.

Beide Unternehmen sind unweigerlich im Gedächtnis der Amerikaner verankert: Pennsylvania Railroad durch ihr Feld auf dem Monopoly Spielbrett und New York Central, weil es von einem der ersten Industriellen Amerikas aufgebaut wurde – Cornelius Vanderbilt.

Bevor Penn Central 1970 bankrott ging, hatte es ca. eine Million US-Dollar pro Tag verloren. Für die fehlgeschlagene Fusion gab es vielfältige Gründe: geringe Arbeitsmoral, inkompatible Computersysteme und -signale, mangelnde Instandhaltung, geringe Nachfrage, mangelhafter Service, nicht zu bewältigende Schuldenberge, nationale Liquiditätsengpässe, Maßnahmen der Regulationsbehörde und die Gleichgültigkeit des US-Kongresses. Eine derart große Zahl von Problemen deutet darauf hin, dass die ursprüngliche Vision eines nahtlosen Bahnverkehrs im Osten der USA unter den gegebenen Umständen schlicht unrealistisch war – so schön sie auch gewesen wäre.

Penn Centrals rapider Zusammenbruch lähmte den Bahnverkehr in einigen Teilen der USA. Die Infrastruktur erholte sich erst als Conrail, der Frachtservice-Nachfolger von Penn Central, in den 80er-Jahren aus den Händen des Staates entlassen wurde.

Auch andere Visionen, die irgendwann einmal klar und sinnvoll erschienen, haben zu unerfreulichen Abenteuern geführt. Dieses Thema wird selten ohne die Erwähnung diskutiert, dass Daimler mit der Vision von Edzard Reuter Schiffbruch erlitten hat. Reuter sah sein Unternehmen aber als zukünftigen Technologiekonzern und kaufte entsprechend Unternehmen aus so unterschiedlichen Industrien wie Luft- und Raumfahrt, Informationstechnologie und Elektronik zusammen. Die acht Milliarden, die dafür ausgegeben wurden, waren 1980 eine ganze Menge Geld. Da der erhoffte Erfolg nicht eintrat und sich auch nicht für die Zukunft abzeichnete, sondern statt dessen extrem hohe Verluste entstanden, musste Daimler-Benz, eines der Flaggschiffe der deutschen Industrie, einer radikalen Restrukturierung unterzogen werden.

Ganz ähnlich lief es bei AT&T. Auch dieses Unternehmen schien eine überzeugende Vision zu haben, als es in den frühen 90er-Jahren das Technologieunternehmen NCR erwarb:

AT&T und NCR

Nach dem Antitrust-Verfahren musste American Telephone und Telegraph sein Ortsgespräch-Geschäft aufgeben und konzentrierte sich Ende der 80er-Jahre auf Forschung und Entwicklung – die vorwiegend über das Tochterunternehmen Bell Labs abgewickelt wurde – und seine ohnehin schon starke Position im Ferngespräch-Sektor. Auf dieser Basis verfolgte AT&T eine große Vision: Es wollte technologische Synergien zwischen der eigenen Erfahrung im Telekommunikationsbereich und dem Computertechnologie-Know-how NCRs ausschöpfen.

NCR – früher National Cash Register – war in der Computerbranche mittlerweile gut bekannt und hatte einen Umsatz von sechs Milliarden US-Dollar. „Offene Systeme", die NCR erfolgreich Banken und Handel verkaufte, sollten bei dem Merger – der zunächst nach feindlicher Übernahme aussah – im Vordergrund stehen. Trotz langjähriger Suche – die von einem Wechsel im Management und kulturellen Problemen behindert wurde – waren schließlich keine Synergien zu finden. Der erwartete „Fit" zwischen Telekommunikation und Computerhardware blieb aus.

AT&T trennte sich fünf Jahre später mit einem Verlust von 3,5 Milliarden US-Dollar von NCR – fast 50 Prozent von dem, was das Unternehmen ursprünglich bezahlt hatte.

AT&T finden Sie unter www.att.com im Internet.

Weitere Beispiele von Unternehmen in aller Herren Länder machen es deutlich: In unserer Welt ist es fatal, einer unrealistischen Vision zu folgen, die möglicherweise auf mangelnder Kenntnis der eigenen Industrie beruht. Ebenso fatal ist es, von der Annahme, dass man zueinander passt, zuviel zu erwarten. Dieses „Passen" wird offensichtlich in zu vielen Fällen als Erklärung für Entscheidungen benutzt, die sonst nicht erklärbar wären.

Dem „Fit"-Fetisch in uns ein Ende bereiten

Das Zusammenfügen von zwei Unternehmen hat viele Aspekte. Ob beide tatsächlich zusammenpassen, wird immer die Untersuchung der Strategie ergeben müssen.

Dass „Fit" trotz seiner erwiesenen Undefinierbarkeit ein Fetisch für viele an Fusionen Beteiligte sein muss, entnehmen wir wiederum unserer Studie. Hier stellt sich heraus, dass es drei Formen von „Fit" gibt, von denen keine wirklich in der Lage ist, plausible Gründe für eine Fusion zu liefern, die immerhin Milliarden kostet. Jede Art von Zusammenpassen ist zum Scheitern verurteilt, weil zuviel rein persönliche Einschätzung mitspielt und weil der „Fit" weder tief genug greift noch breit genug ausgelegt ist. „Fit" ist, anders als Vision und Strategie, eben nicht in der Lage, dem neuen Unternehmen eine Richtung vorzugeben und der Integration motivierende Kraft zu verleihen. Die drei vermeintlich wirksamen Arten der idealen Übereinstimmung sind finanzieller Natur, beruhen auf allzu grober Einschätzung oder – auch nicht selten – auf egoistischen Erwägungen der Beteiligten.

Finanzielle Übereinstimmung lässt sowohl „harte" als auch „weiche" Faktoren außer Acht

In den 80er-Jahren ging es bei sehr, sehr vielen Fusionen schlicht ums Geld. Menschen waren kein Thema. Zusammenarbeit erst recht nicht. Es ging sogar so weit, dass man, wenn es schon um Menschen ging, nur mit denen rechnete, die im neuen Unternehmen nicht mehr dabei sein würden, weil man davon ausging, dass sie verzichtbar seien.

In diesen Tagen wurde ein Paradigma hochgehalten, das den Finanzen erste Priorität gab. Es ging nur um Cash-flow, Net Present Value (NPV) und Junk Bonds. Wenn es so aussah, als würde der NPV des Investments positiv ausfallen, wurde der Deal getätigt.

Die damals neue Kultur des schnellen Geldes hat starke Auswirkungen auf andere etablierte Kulturen gehabt. Natürlich hatte das schnelle Geld immer eine positive Signalwirkung, sodass zahlreiche Erfolgsstorys den Anschein erwecken, als seien die 80er-Jahre wirklich goldene Zeiten gewesen. Jahrelang uninteressante Unternehmen wie Walt Disney waren plötzlich eine Lizenz zum Gelddrucken. Firmen wie McCaw Cellular wurden aufgrund ihrer neuen Technologien in einer Form mit Kapital unterstützt, die zehn Jahre vorher völlig undenkbar gewesen wäre.

Die Kehrseite war, dass die „Raiders" in dieser eben doch nicht so goldenen Zeit die Unternehmen nur in ihrer Eigenschaft als Hersteller von Cash-flow würdigten und nie einen Blick hinter die finanziellen Kulissen wagten. Was nach dem Cash-flow kam, war unwichtig.

Dann änderte sich die Vorgehensweise. Buy-out-Spezialisten wie Kohlberg Kravis Roberts (KKR) oder Mercury Asset Management gingen anders vor. Sie versuchten, aus von ihnen erworbenen Unternehmen so viel wie möglich herauszuholen, ohne nur Cash-flow im Auge zu haben. Ihnen ging es um Shareholder Value. Dazu mussten Unternehmen, denen es nicht allzu gut ging und die zum günstigen Preis zu erwerben waren, gründlich restrukturiert werden, um schnell in der Lage zu sein, den Schuldenberg zu reduzieren.

Dass Finanzen bei diesen Methoden im Vordergrund standen, erklärt sich von selbst. Ebenso klar ist die Tatsache, dass die übrigen Faktoren, um die es in diesem Buch geht, damals einfach nicht bedacht werden konnten, weil man vor lauter intelligent ausgewerteten Datengerüsten die Unternehmensrealität nicht mehr sehen konnte und wohl auch nicht sehen wollte.

Aber die Zeit der reinen Finanz-Deals ist Vergangenheit. „Raiders" gibt es nicht mehr, schon allein deswegen nicht, weil sie ihr Werk so gründlich getan haben, dass es mittlerweile – zumindest in den USA und in Großbritannien – kaum noch notleidende Unternehmen von der Sorte gibt, die für sie interessant wären.

Die Fusionen von heute stehen unter einer ganz anderen Art von Erfolgsdruck. Sie müssen wachstumsorientiert sein. Sie müssen sich also hinsichtlich Finanzen, aber auch hinsichtlich Innovation, Intellectual Capital, Kultur, Kommunikation, etc. so professionell verhalten und auch „verkaufen", dass die Börse dauerhaft reagiert.

Grobe Schätzungen treffen selten den Punkt

Wenn es darum geht, schnell mal eine gute Idee zu skizzieren oder eine grobe Schätzung durchzurechnen, greifen die meisten Menschen, die irgendwo an einem Schreibtisch sitzen, zu einem Briefumschlag, drehen ihn um und werfen ein paar „geniale" Zeilen aufs Papier. Diese Zeilen setzen sich dann in der Regel im Kopf des Schreibers so fest, dass er schon nach wenigen Stunden davon ausgeht, etwas Großes geschaffen zu haben.

Was allerdings tatsächlich geschehen ist, kann schlimme Folgen haben. Der geniale Mensch hat nämlich – allein schon durch die Größe des Briefumschlags eingeengt – vieles Bedenkenswerte nicht bedacht.

Zwei komplexe Themenkreise – jedes Unternehmen bildet einen davon – werden bei einer solchen Vorgehensweise stark vergröbert. Auch wenn die schnell hingekritzelte Lösung überzeugt, sollten die Beteiligten ihr Scheckbuch besser stecken lassen.

Die Briefumschlag-Methode ist eher ein guter Weg zur Lösung von Harvard-Business-School-Cases in Bewerbungssituationen. Da wirkt es durchaus nonchalant, wie mit ein paar Strichen und Symbolen eine ganze Industrie restrukturiert wird. Wenn es aber ums Geld geht, um Menschen und deren Zukunft, kann dies nicht ausreichen.

Leider gehen nur allzu viele Verantwortliche auch heute noch davon aus, dass ihre grobe Einschätzung ausreicht – das gilt besonders für schnell wachsende Industrien in der Computer- und Elektronikbranche. Geradezu klassisch ist hier die Verbindung von Hard- und Software. Nichts ist leichter als die Annahme, dass hier allein aufgrund der offenkundigen Komplementarität zweier Unternehmen ein „fit" besteht. Der eine braucht den anderen, Cross-Selling wird möglich sein, wer fragt da noch nach Vision und Strategie?

Diese Fehler sind so häufig passiert – wir weisen noch einmal auf Abbildung 5 hin, wo ersichtlich wird, wie wenig erfolgreich diese Unternehmen waren –, dass darüber das Thema vertikale Integration fast völlig in Verruf geraten ist.

Nicht viel anders sieht es mit den Fusionen aus, bei denen es um „Scale" geht, und das sind immer noch die meisten. Auch sie scheinen recht häufig auf der Rückseite eines Briefumschlags erdacht zu werden. Die Aussicht auf Skaleneffekte, die ja an und für sich sehr vernünftig und erstrebenswert sind, macht Top-Manager blind gegenüber den Tücken des als Partner erwünschten Objekts. Vergleichbare Produkte? Keine Frage, wir tun uns zusammen. Wenn es dann noch ein, zwei weitere (auch emotionale) Gründe gibt, ist die Fusion nur noch eine Frage der Zeit. Aber so einfach ist es nicht. Auch zwei Unternehmen, die auf der Rückseite eines Briefumschlags perfekt zusammenpassen, sind nur unter Schwierigkeiten in ein einziges zu überführen – von Erfolg gar nicht zu reden. Das Beispiel Siemens-Nixdorf zeigt, wo die Probleme liegen können.

Siemens-Nixdorf Informationssysteme AG

Nach dem Tod des deutschen Nachkriegsunternehmers Heinz Nixdorf hatte das von ihm gegründete Unternehmen 1986 mit erheblichen Problemen zu kämpfen. Doch der deutsche Elektronik- und Maschinenbau-Riese Siemens AG erwies sich kurze Zeit später als „rettender Engel" und kombinierte die sich ergänzenden Produktlinien zur Siemens-Nixdorf Informationssysteme AG (SNI).

Eine klare und realistische Vision davon, wie man den Merger zum Erfolg führen könnte und welche Strategie das neue Unternehmen verfolgte, hatten zu diesem Zeitpunkt weder das Siemens- noch das Nixdorf- noch das neue SNI-Management – im Gegenteil: Die Aufgabe, SNI „zum Laufen zu bringen", wurde zusätzlich dadurch behindert, dass sich der erwartete Hardware-Fit – eine vollständige, einheitliche Produktpalette – nicht verwirklichen ließ.

1998 integrierte Siemens im Rahmen einer internen Restrukturierung den Großteil von SNI in die Siemens AG. Siemens Nixdorf wird dabei als eigene rechtliche Geschäftseinheit weiterhin für Point-of-Sale-Systeme und Self-Service-Produkte verantwortlich sein.

💻 Siemens finden Sie unter www.siemens.de im Internet.

Zugegeben, alle Computer sind sich irgendwie ähnlich, sie haben alle einen Prozessor. Aber es gibt sicherlich nicht automatisch Synergien, weil die Produktlinien sich etwa so zueinander verhalten wie Schwerlastzüge zu Dieselmotoren. Im Fall Siemens-Nixdorf ist das viel zu spät erkannt worden.

Auch Hardware und Software im weiteren Sinne werden gerne auf der Rückseite eines Briefumschlags zusammengefügt.

Auch wenn es logisch und folgerichtig klang, dass Columbia Pictures und Sony sich zusammentaten, haben die Gemeinsamkeiten und die Punkte, in denen sich beide Unternehmen ergänzten, offensichtlich nicht ausgereicht, um das zu ersetzen, was ganz oben stehen sollte: die gemeinsame Vision.

Sony Pictures

Die Vision, Verbraucherelektronik (Hardware) und Kinofilme (Software) in einem Unternehmen zu vereinen, war 1989 der Grund für Sony, Columbia Pictures für fünf Milliarden US-Dollar zu akquirieren. Sonys japanisches Management entschied sich für einen „Hands-off"-Ansatz und überließ die Geschäftsleitung Columbias den beiden Produzenten Peter Guber und Jon Peters, die aus einer kleinen Produktionsfirma kamen, die Sony zusätzlich akquiriert hatte.

Ob man jemals von Synergien zwischen Hardware und Software ausgehen hätte dürfen, war schnell die Frage. Columbia hatte Schwierigkeiten, die geeignete Software zu entwickeln. Rapide steigende Stargagen und fehlende Einnahmen in den Kinokassen kulminierten Mitte 1994 in einem plötzlichen Wechsel in der Sony-Buchhaltung. Das Unternehmen schrieb 2,7 Milliarden US-Dollar ab und meldete zusätzlich einen Verlust von ca. 500 Millionen für das Steuerjahr 1995. Zahlreiche gestrichene Projekte und die Begleichung von ausstehenden Prozesskosten waren die Gründe für diesen Verlust.

Statt Columbia zu verkaufen, wechselte Sony das Management und kontrollierte das Unternehmen strikter als bisher. Heute ist Columbia Teil von Sony Pictures Entertainment, das 1998 knapp zehn Prozent von Sonys weltweitem Umsatz von ca. 50 Millionen US-Dollar ausmachte.

💻 Sony Pictures finden Sie unter www.spe.sony.com im Internet.

Egoismus darf kein Argument sein

Fusionen, die nur deswegen zustande kommen, weil eine Person meint, es wäre geraten, gerade jetzt mit gerade diesem Unternehmen zusammenzugehen, stehen unter keinem guten Stern. Das ist allein schon deshalb der Fall, weil „geraten" längst nicht immer rational begründbar ist. Recht häufig geht es darum, dass jemand seine Duftmarke hinterlassen möchte, dass er begierig darauf ist, derjenige zu sein, der es schafft, das größte Unternehmen der Branche ins Leben zu rufen oder den „Deal des Jahres" zu bewerkstelligen. Gerade die Pläne für diese ego-getriebenen Fusionen sind sehr oft voreilig und wenig durchdacht. Dafür sprechen allein schon die folgenden Gründe, die alle zeigen, warum „Ego-fit" so besonders ungünstig als Richtungsvorgabe für eine Fusion ist.

Zu starke Vereinfachung: Wenn die eigentliche Integrationsarbeit beginnt, merken die zweite, dritte, vierte Ebene, was für eine harte Nuss diese Fusion ist, von der die erste Ebene annimmt, dass sie wegen verschiedener Übereinstimmungen schnell und einfach zu handhaben sein sollte. Was auf der ersten Ebene wie eine Männerfreundschaft aussieht – und es nur selten wirklich ist –, erweist sich auf den operativen Ebenen oft als totale Katastrophe: Die Menschen verstehen sich nicht, sie hassen sich häufig sogar, sie verachten die Produkte der anderen Seite etc. Harmonie unter ehemaligen Wettbewerbern ist sehr schlecht herstellbar, auch wenn alles andere passt.

Wachstum ist kein Thema: Nichts, aber auch gar nichts, deutet auf das Thema Wachstum hin, wenn von „fit" die Rede ist. Immer geht es um die Vergangenheit oder bestenfalls noch um den Status quo, ohne dass die Zukunft auch nur erwähnt wird. Wenn rein finanzielles Zusammenpassen der Fusionsgrund ist, ist Wachstum sogar ausgeschlossen, weil es hier nur um Kostensynergien geht, die eher zum Downsizing anregen als zum Wachstum.

Vision und Strategie fehlen: Das Problem mit dem „fit" ist, dass er den Blick der Beteiligten von vornherein auf andere Dinge lenkt als gerade auf Vision und Strategie und dass diese eben deshalb auch häufig nicht Teil des Planes sind. Wenn „fit" zu stark in den Vordergrund tritt, ist das häufig deswegen der Fall, weil die Person an der Spitze beim Anhören der Ergebnisse der Finanz-Due-Diligence die Chance sieht, sich persönlich zu verewigen. Warum nicht erst die Vision festlegen, die Strategie ableiten und – wenn dann alles passt – überprüfen, ob finanziell auch gute Ergebnisse zu erzielen sind?

Wir haben gesehen, dass eine wenig inspirierende Vision oder eine zu starke Betonung von „fit" die Integration nach dem Deal enorm belastet oder sogar unmöglich macht. Unternehmen, die über eine Fusion nachdenken, sollten sich nicht zuerst Gedanken machen, ob sie im Allgemeinen zusammenpassen, sondern ob sie eine gemeinsame Vision haben oder entwickeln können bzw. wollen und ob sie beide bereit sind, eine Strategie aus dieser Vision abzuleiten, von der sie sich in den kommenden Jahren die Richtung vorgeben lassen. Wenn das erreicht ist, werden die beiden Unternehmen nicht lange brauchen, um zueinander zu passen.

Eine Transformation kann ohne Vision von dem einen gemeinsamen Unternehmen und der gemeinsamen Zukunft gar nicht stattfinden. Die Integrationsaufgabe misslingt, weil es keinen Kulminationspunkt gibt, an dem alles zusammenkommt, statt dessen aber zahlreiche Projekte, die unterschiedlichsten und oft konfliktären Zielen dienen. Im Gegensatz dazu führt die Vision von einem großen gemeinsamen Unternehmen, das ein bestimmtes Ziel hat, alle Initiativen zusammen, löst Konflikte und gibt dem Management auf allen Ebenen Entscheidungshilfen.

Eine ehrgeizige, inspirierende Vision ist das, was beide Unternehmen brauchen, um zum einen die Prinzipien des neuen Unternehmens zu erkennen und zum anderen die aggressiven finanziellen und operativen Zielsetzungen ebenso kennen zu lernen wie die neue Führungsstruktur. Wenn eine Vision soweit ausgebaut ist, wird es selbst für die Pragmatiker unter den Mitarbeitern schwierig, sich nicht zu dem neuen, bestens „vorgedachten" Unternehmen zu bekennen.

Wer nicht weiß, ob die eigene Vision wirklich „wasserfest" ist, der muss sich ein paar Fragen stellen, um sie zu testen. Lauten die meisten Antworten „ja", kann das Unternehmen mit dieser Vision die Zukunft sicherlich bestreiten: Kann man das gesetzte Ziel wirklich in die Tat umsetzen? Stimmen die Mitarbeiter zu? Haben wir der Vision völlig neue und vorurteilsfreie Gedanken zugrundegelegt? Wird diese Vision eine Weile interessant und spannend bleiben? Gibt sie dem Unternehmen die notwendige Orientierung? Ist sie glaubwürdig, umsetzbar, verständlich, ehrlich und attraktiv? Und – nicht zuletzt – ist sie wirtschaftlich sinnvoll?

Was bringt der Partner mit?

Sie können eine realistische Vision nur dann entwickeln, wenn Sie objektiv und ehrlich analysiert haben, was Sie tun wollen und was Sie mit Ihrem Fusionspartner erreichen können hinsichtlich der Kernkompetenzen und des finanziellen Ergebnisses. Ein wichtiger Schritt dazu ist die Ausdehnung der Finanz-Due-Diligence auf Businessthemen und Strategie.

Traditionell war die Due-Diligence auf die finanziellen Aspekte der Fusion oder Akquisition beschränkt, das heißt auf die Vergangenheit beider Unternehmen fokussiert. Bilanzen aus den Vorjahren wurden kreuz und quer analysiert und interpretiert, ohne dass eine einzige gültige Aussage zur Unternehmenszukunft getroffen wurde – und schon gar nichts war über die gemeinsame Zukunft mit dem anvisierten Partner zu hören.

Die von der Perspektive der akquirierenden Seite aus zu beantwortende Frage sollte ebenso einen visionären Aspekt haben, zum Beispiel: „Was werden wir in Zukunft unseren Kunden zu bieten haben, und was kann unser Zielpartner realistisch dazu beitragen?" Um das alles zu erfahren, muss vieles untersucht werden, was traditionell nicht Bestandteil einer Due-Diligence ist: Kunden, Mitarbeiterfähigkeiten, Wettbewerber, Kosten, Kultur. Damit kommen nicht nur Fakten auf den Tisch, sondern der Geschäftssinn aller Beteiligten wird auf den Prüfstand gestellt.

Zeitungen sind derzeit voll mit Geschichten über Unternehmen, die nach Partnern suchen. Was die meisten nicht verstehen, ist, dass diese Unternehmen nicht einfach fragen sollten, mit wem sie es nun am besten einmal versuchen könnten, sondern, warum sie sich überhaupt mit irgendeinem Unternehmen zusammentun sollten. Was wollen wir mit der Fusion bezwecken? Um diese Frage kommt niemand herum, egal, ob er akquirieren möchte, sich selbst kaufen lässt oder sich einfach mit jemand anderem zusammentut.

Das gegenwärtige Fusionsfieber zwischen High-Tech- und Telecom-Unternehmen macht sehr deutlich, wie einfach es ist, aus einer gemeinsamen Vision mehr zu machen und dadurch das sinnvolle Zusammenwachsen der beiden Teile zu ermöglichen. Sowohl Fusionen von relativ jungen Firmen wie Cisco Systems oder 3Com als auch Fusionen von Giganten, die mehr als 100 Jahre alt sind – zum Beispiel AT&T –, haben zum Teil völlig neue Industrien und Märkte kreiert oder machen proaktive Versuche, bestehende Industrien zu verändern.

Es ist längst ein Klischee zu behaupten, das Internet verändere unser Leben. Während frühe Kritiker das Internet als Spielzeug verunglimpft oder es als CB-Funk der 90er-Jahre bezeichnet hatten, weiß heute jeder, dass das weltweite Netz „big business" ist.

- Es gibt Schätzungen, die davon ausgehen, dass die Mehrzahl der Telekommunikationsvorgänge heute Daten überträgt und nicht die menschliche Stimme. Die Datenübertragung wächst mit einer Steigerungsrate von 30 Prozent pro Jahr, und die Anzahl verschickter E-Mails ist zehnmal so groß wie die Menge der regulären Postbriefsendungen.
- Das Internet hat vier Jahre gebraucht, bis es für 50 Millionen Menschen zugänglich war. Das Fernsehen hat das gleiche in 13 Jahren geschafft, das Radio brauchte sogar noch 35 Jahre für diese Leistung.
- Cisco Systems, dessen Produkte Internet-Netze erst möglich machen, wurde 1984 gegründet und hat in 15 Jahren 25 Unternehmen akquiriert und integriert.

Solche Unternehmen haben ihre Wettbewerbssituation niemals aus den Augen verloren, haben ihre Richtung für die Zukunft gekannt und wussten und wissen, wie ihre Partner zu dieser Zukunft beitragen können. Auch hier sehen wir wieder, dass sich aus der gemeinsamen Vision automatisch ergibt, dass zwei Unternehmen zusammenpassen. So herum funktioniert es, andersherum nur sehr selten.

Viele Unternehmen haben glücklicherweise begonnen, die Bedeutung der Vision zu erkennen, aus der sie Strategien entwickeln können und Ziele setzen. Wenn Vision und Strategie feststehen, wissen sie genau, was sie suchen. Und weil sie das wissen, werden sie keine Probleme mit falschen Partnern haben, weil sie mit solchen unpassenden Unternehmen niemals zusammenkommen werden.

Am Anfang dieses Kapitels haben wir erwähnt, dass AT&T sich davon Produktsynergien versprach, das Technologieunternehmen NCR zu kaufen. Die neue Vision, die AT&T heute unter Michael Armstrong verfolgt, ist ganz stark kundenorientiert. AT&T weiß, dass US-Kunden Milliarden von US-Dollar pro Jahr für Telefonie, Videoübertragung und andere Telekommunikationsformen ausgeben. Obwohl es sich sehr bemüht, erreicht AT&T nur die Hälfte dieses rasch wachsenden Kuchens.

AT&T

Falls Sie sich immer noch fragen, wie die historischen Dimensionen des sogenannten digitalen Zeitalters aussehen, dann werfen Sie einen Blick darauf, welche Entwicklung American Telephone and Telegraph durchlaufen hat, seit Michael Armstrong CEO ist. Armstrong geht zur Zeit das wahrscheinlich größte Geschäftsrisiko in der Geschichte ganz Amerikas ein – zumindest, wenn man es in Dollar ausdrückt. In nicht viel mehr als einem Jahr hat er Mergers und Akquisitionen im Wert von ca. 140 Milliarden US-Dollar vollzogen – das entspricht der Hälfte des amerikanischen Verteidigungsbudgets und reicht aus, um eine Autobahn von ca. 11 000 Kilometer Länge zu bauen.

Was er will? Kunden und schnelle, leistungsstarke Kommunikationsverbindungen.

MediaOne und seine fünf Millionen Kabelfernsehkunden waren AT&T 62,5 Milliarden US-Dollar wert, nachdem es 55 Milliarden für TCI und dessen elf Millionen Kunden und Hochgeschwindigkeitsverbindungen ausgegeben hatte. Die Vision, die AT&T damit verfolgt, ist, diesen Kunden – aber auch den derzeitigen Telefonkunden – die gesamte Palette an Telekommunikationsprodukten anzubieten: Festnetz und Mobilfunk, Video und Hochgeschwindigkeitsdatenübertragung – alles zu einem einzigen Discountpreis.

Armstrong, der bei IBM und Hughes Erfahrungen gesammelt hat, glaubt daran, dass AT&T gleichzeitig sein Alltagsgeschäft weiterführen und die beiden Unternehmen integrieren kann. Im Sommer 1999 reflektierte das auch der Markt: AT&Ts Aktienpreis verdoppelte sich – im Vergleich zum niedrigsten Stand von 32,25 US-Dollar im September 1998 – nahezu und Microsoft investierte fünf Milliarden US-Dollar, nachdem es die Kooperation mit AT&T im Mai intensiviert hatte. Auch die Unternehmensleistung war hoch, und im ersten Quartal 1999 übertraf AT&T die Erwartungen der Analysten mit einer Umsatzsteigerung von 9,9 Prozent auf 14,1 Milliarden US-Dollar.

AT&T finden Sie unter www.att.com im Internet.

MCI, ein US-Unternehmen, das die Vision hatte, eine Telecom-Welt ohne das AT&T-Monopol zu verwirklichen, ist jetzt Teil eines Telekommunikationsunternehmens mit jährlichen Umsätzen von mehr als 30 Milliarden US-Dollar.

MCI WorldCom

Wenn man gesehen hat, was AT&T für 140 Milliarden US-Dollar gekauft hat, fällt es schwer, sich etwas vorstellen, was das Unternehmen nicht besitzt. Genau hier setzt die Vision von MCI WorldCom an. Ende 1997 überbot WorldCom die British Telecom beim Kauf von MCI für 37 Milliarden US-Dollar.

Das neue Unternehmen wollte sich als der führende Lieferant von „Local-global-local"-Verbindungen für Daten im Internet und der nationalen und internationalen Sprachkommunikation positionieren. MCI WorldCom geht davon aus, dass der Datenanteil am Telekommunikationsverkehr innerhalb der nächsten fünf Jahre auf 95 Prozent steigt. Ein Großteil der Daten wird dabei vermutlich über die internationale Infrastruktur übermittelt, die das Unternehmen bereits besitzt.

Aufgrund eines langwierigen Regulationsprozesses war der Merger bis September 1998 zwar nicht offiziell, aber die beiden Firmen nutzten die Zeit, um einen Integrationsplan für das neue, in 65 Ländern tätige Unternehmen mit einem Umsatz von mehr als 30 Milliarden US-Dollar pro Jahr zu entwickeln.

Für MCI ist es nicht neu, eine Vision in die Tat umzusetzen, schließlich wurde es selbst auf der Vision gegründet, AT&Ts Monopol im amerikanischen Telefonmarkt zu brechen und dann Kopf an Kopf mit AT&T zu konkurrieren – worin MCI durchaus erfolgreich war.

💻 MCI WorldCom finden Sie unter www.wcom.com im Internet.

Diese kundengetriebenen Visionen, die die Welt verändern können, haben meistens eines gemeinsam, nämlich die Idee des „One-stop-shopping". Um es den Kunden leicht zu machen, vertreten viele Anbieter heute die alte Idee: „Alles aus einer Hand." Dazu braucht man Partner, aber diese müssen wirklich synchrone Kundenbeziehungen haben, und die Kunden müssen bereit sein, Dinge, die sie bisher separat angeboten bekommen haben, auch aus der gleichen Quelle zu kaufen. Im Handel hat es viele, nicht immer erfolgreiche Versuche gegeben. So hat zum Beispiel Sears, Roebuck versucht, neben Haushaltsartikeln und anderen Produkten des täglichen Bedarfs auch Versicherungen und sogar Aktien zu verkaufen. Die Kombination funktionierte nicht wie erwünscht, deswegen kam es zu Desinvestitionen der Partner Allstate und Dean Witter.

Citigroup – 1998 entstanden aus Citibank und Travelers – testet derzeit die Idee des „One-stop-shopping" im Bereich Finanzdienstleistungen. Travelers Group hat lange die Idee vertreten, ein Finanzsupermarkt werden zu wollen. Durch die Fusion mit Citibank ist die Gruppe der Realisierung sehr viel näher gekommen.

Citigroup

Die amerikanische Travelers Group verfolgte lange Zeit das Ziel, ihren Kunden die ganze Bandbreite an Finanzdienstleistungen anzubieten. Die Versuche, Citigroup – den momentanen Marktführer für umfassende Finanzdienstleistungen unter einem Dach – aufzubauen, hatten im Zeitraum von 1997 bis 2001 Merger und Akquisitionen im Wert von insgesamt 123 Milliarden US-Dollar zur Folge.

Diese Summe schloss neun Milliarden US-Dollar für Salomon Inc., eine Milliarde US-Dollar für einen Anteil an der japanischen Nikko Securities und 70 Milliarden US-Dollar für die Citibank mit ein. Der Citibank-Vorsitzende John Reed und sein Travellers-Kollege Sanford Weill bildeten gemeinsam den Vorstand der Citigroup und befassten sich mit der Aufgabe, die unterschiedlichen Teile in einem weltweiten Geschäft zu vereinen, das nicht nur Standard-Finanzleistungen wie Kundenkredite, Kreditkarten und Vermögensmanagement, sondern auch Lebens-, KFZ- und Gebäudeversicherungen anbieten kann.

Reed und Weill kämpften zwar mit kulturellen Unterschieden und Kleinkriegen – die bei einem Merger von zwei Unternehmen dieser Größe unvermeidbar sind –, wollten dabei aber zwei Bereiche nicht aus den Augen verlieren: Vorteile aus Cross-Selling und Kostenreduzierung zu ziehen.

Seit seinem Tiefstand von 19 US-Dollar kurz nach der Fusion ist der Aktienpreis der Citigroup um mehr als 150 Prozent gestiegen, was einem Börsenwert von ca. 160 Milliarden US-Dollar entspricht. 1999 wies das Unternehmen bereits im zweiten Quartal einen Gewinn von 2,5 Milliarden US-Dollar bei einem Umsatz von 15 Milliarden US-Dollar aus und übertraf damit alle Erwartungen. Die Citigroup hat ein so aggressives Tempo vorgelegt, dass sie bereits 1999 mehr einnehmen konnte als General Electric, Microsoft, IBM oder General Motors.

💻 Citigroup finden Sie unter www.citigroup.com im Internet.

Eine Vision ist nicht immer auf dem ersten Blick ersichtlich. Als die französische Vivendi mit der kanadischen Seagram fusionierte, war den Aktionären und Analysten der Sinn des Zusammenschlusses nicht unmittelbar klar. Das neue Unternehmen Vivendi Universal vermochte es, durch geschickte Kommunikation, verbunden mit einer schnellen und entschlossenen Handlungsweise, die Zweifler auf seine Seite zu ziehen.

Vivendi Universal

Die Ankündigung des 39,8-Milliarden-Euro-Mergers zwischen dem französischen Mischkonzern Vivendi SA mit dem kanadischen Entertainment- und Getränkeunternehmen Seagram Co. im Juni 2000 stieß auf verhaltene Reaktionen der Aktionäre. Zu heterogen erschien ihnen das Konglomerat von Seagrams Getränke-, Musik-, Film- und Themenpark-Geschäft mit Vivendis Energie-, Umwelt-, Telekommunikations-, Medien- und Multimedia-Portfolio. Die zuvor aufgenommene Kooperation zwischen Vivendi und dem französischen Pay-TV-Anbieter Canal Plus verkomplizierte den Deal zusätzlich. In den ersten Tagen nach der Ankündigung des Mergers fiel Vivendis Aktienkurs um ganze 20 Prozent.

Jean-Marie Messier, Chairman des neu entstandenen Unternehmens Vivendi Universal, treibt jedoch seine Vision vom Aufbau des weltweit zweitgrößten integrierten Medienkonzerns schnell und entschlossen voran. Das Unternehmen fokussiert auf Synergieeffekte zwischen seinen einzelnen Mediensparten und spaltet andere Geschäftsfelder konsequent ab.

Im März 2001, nur drei Monate nach der Integration von allen drei beteiligten Unternehmen, konnte Messier Einsparungen von 131 Millionen Euro vorweisen. Bis Ende 2002 sollen dann das Vorsteuerergebnis um 35 Prozent gesteigert sowie Einsparungen von 420 Millionen Euro und Umsatzsynergien in Höhe von einer Milliarde Euro realisiert werden.

Seither treibt Messier die Expansion auf dem strategisch wichtigen nordamerikanischen Markt voran, auf dem Vivendi Universal bisher unterrepräsentiert war. Mit der 11-Milliarden-US-Dollar-Akquisition der Entertainment-Sparte von USA Networks im Dezember 2001 konnte Messier letztlich auch die kritische Wall-Street von seinem Konzept überzeugen: Nach der Ankündigung stiegen Vivendi Universal-Aktien um 6,5 Prozent an.

💻 Vivendi Universal finden Sie unter www.vivendiuniversal.com im Internet.

Klare Visionen und leistungsfähige Märkte sind nun keineswegs die Domäne von High-Tech-Unternehmen oder Finanzdienstleistern. Die gleichen Regeln gelten auch für die traditionellen Industrien, zum Beispiel die Automobilindustrie. Ein weiteres Beispiel zeigt, wie wichtig eine ausgewogene Vision sein kann. Als Ford den schwedischen Automobilhersteller Volvo erwarb, wurde zum ersten Mal deutlich, welche Vision mit Ford 2000 in Verbindung zu bringen ist. Ford hat erkannt, dass es für sie am günstigsten ist, nur Personenwagen und leichte Lkws zu bauen. Der Verstärkung auf dem Pkw-Sektor durch Volvo entspricht die Desinvestition des Schwer-Lkw-Sektors an Freightliner.

Ford Motor

Die 6,46-Milliarden-US-Dollar-Akquisition von Volvos Automobilgeschäft 1999 zeigte, dass der amerikanische Automobilhersteller Ford seine Vision für das 21. Jahrhundert, „das weltweit führende Konsumgüterunternehmen für Automobilprodukte und -dienstleistungen zu werden", wirklich ernst nimmt. Diese Transport-Vision ist nicht so weit gefasst, dass sich Ford verpflichtet fühlen müsste, Volvo ganz zu schlucken – und damit auch den Geschäftsbereich Lkw. Fords Schwerpunkt liegt auf Fahrzeugen, die man mit einem ganz normalen Führerschein fahren darf – Schluss.

Um die Identität der einzelnen Marken zu stärken, wird die vom ehemaligen BMW-Manager Wolfgang Reitzle geführte Premier Automotive Group (PAG) in drei länderorientierte Sparten aufgeteilt und nach wie vor von dem Massengeschäft getrennt.

🖥 Ford finden Sie unter www.ford.com im Internet.

Die Vision, die Ford verfolgt, ist jedoch nicht notwendigerweise die richtige Richtung für andere Automobilhersteller. Im Gegenteil, aus vergleichbaren Visionen würden sich Me-too-Strategien entwickeln, die alle auf der Stelle treten lassen. DaimlerChrysler zum Beispiel hat sich auf schwere Lastwagen spezialisiert. Wer hat also die bessere Vision, Ford oder DaimlerChrysler? Natürlich ist diese Frage nicht zu beantworten, denn selbstverständlich muss die Vision von individuellen Faktoren ausgehen und individuelle Entwicklungsperspektiven ins Kalkül ziehen.

Die neue Spielregel: Jede Fusion und Integration muss durch eine klare, realistische Vision unterstützt und angeführt werden, deren Inhalte sich aus der strategischen Due-Diligence ergeben.

Visionen sind nicht Ex-und-hopp-Resultate, sondern Ergebnis eines organischen Prozesses. Es wird nicht funktionieren, wenn ein Top-Manager seine Vision vom alten zum neuen Arbeitgeber mitnimmt oder wenn im Zuge einer Fusion die Vision des stärkeren Unternehmens ohne weiteres übernommen wird. Sie muss sich vielmehr aus der Kreativität und Vorstellungskraft der Männer und Frauen an der Spitze ergeben, die auch den Ergebnissen der strategischen Due-Diligence Genüge tun und Kunden, Fähigkeiten, Wettbewerber, Kosten und Kultur mit einbeziehen. Die Glaubwürdigkeit einer gemeinsamen Vision ist zentral, wenn es darum geht, sich mit beiden Partnern gerade darauf zu einigen. Nur wenn sie glaubwürdig ist, wird sie im neuen Unternehmen etwas bewegen.

Was Sie tun müssen – eine Checkliste

- **Definieren, was machbar ist:** Hier geht es darum, festzustellen, welche Wettbewerbsvorteile bestehen, ob das neue Unternehmen zum Beispiel in der Forschung oder irgendeinem anderen Bereich stark sein kann. Die Möglichkeiten beider Partner müssen geprüft und sorgfältig abgewogen werden.

- **Bestimmen, wohin der Weg gehen soll:** In welchen Märkten soll das neue Unternehmen aktiv sein? Wo können die kombinierten Stärken der neuen Organisation am besten zur Wirkung kommen und etwas Neues und Starkes schaffen?

- **Realistisch bleiben:** Glaubwürdigkeit und Klarheit dürfen bei der Konzeption einer mutigen Vision nicht außer Acht gelassen werden. Eine unrealistische Äußerung zum Thema Vision wird nicht die Zustimmung der Mitarbeiterschaft finden, und erst recht nicht dazu führen, dass irgendjemand die Vision ernst nimmt.

- **Nichts nachmachen:** Die besten Visionen sind so einmalig, dass sie nicht auf andere Unternehmen oder Situationen anwendbar sind. Ohne diese Einmaligkeit wird es schwer für die Mitarbeiter, sich mit der Vision zu identifizieren.

- **Permanent kommunizieren:** Vision leben. Visionen sind alles mögliche im täglichen Kampf um den Erfolg des Unternehmens, zum Beispiel Stütze, Kontrolle, Motivation … Wer immer und immer wieder kommuniziert, was die Vision tatsächlich ist, verschafft seinen Mitarbeitern damit eine Hilfe im Alltag. Zum Beispiel sind Entscheidungen – auch operativer Art – leichter zu fällen, wenn jeder weiß, worum es dem Unternehmen überhaupt geht.

- **„Fit" nicht überbewerten:** Wenn Sie alle genannten Leitlinien befolgt haben, dürfte sich die Frage erübrigen, ob die beiden Unternehmen, um die es bei ihrer Fusion geht, auch zusammenpassen. Sie werden im ganzen zusammenpassen, weil sie hinsichtlich Vision und Strategie diese Anforderung bereits erfüllen. Wer die gleiche Strategie verfolgt, kann auch gemeinsam am Markt agieren und Mitarbeiter auf ein Ziel einschwören.

Spielregel 2: Führung
Stellen Sie so schnell wie möglich eine Führungsmannschaft auf!

IN KÜRZE:

Führung hat oberste Priorität, sobald die Fusion paraphiert ist. Je schneller das neue Unternehmen sein ebenfalls neues Führungsteam etabliert, desto besser. Dabei geht es darum, Kompromisse zu machen, Kündigungen zu verhindern und das vorhandene Potenzial so gut wie möglich zu nutzen. Je schneller das neue Unternehmen in der Lage ist, die Wachstumschancen, die die Fusion aufgezeigt hat, wahrzunehmen und in die Realität umzusetzen, desto eher wird die Fusion zum Erfolg.

Unsere Studie hat in diesem Zusammenhang ein interessantes Faktum zutage befördert:

> **Fakt: Eile ist geboten.** Die Dringlichkeit, mit der eine Führungsmannschaft etabliert werden muss, wird häufig nicht erkannt oder einfach unterschätzt. Nach unserer Studie haben 39 Prozent der Unternehmen während ihrer Fusion ein Führungsvakuum erlebt, weil sie es versäumt haben, die neue Führungsriege mit erster Priorität einzusetzen. Natürlich hat das Vakuum an der Spitze in allen Fällen zu Problemen geführt, weil auf diese Weise zum Beispiel die Vision nicht oder nur unklar kommuniziert und realisiert wurde. Schwelende Konflikte, dringend anstehende Entscheidungen – alles das führt zur Demotivation der Beteiligten. Das gilt nicht nur für die Angestellten, sondern auch für Kunden und möglicherweise Analysten.

Die neue Spielregel zum Thema Führung während der Integrationsphase ist: Die Führung muss schnell etabliert werden, um das erwähnte Vakuum auf jeden Fall zu vermeiden und dem Integrationsprozess von vornherein die notwendige Dynamik zu verleihen. Detaillierte Pläne mit genauestens definierten Meilensteinen sind eher weniger wichtig.

Sie und Ihr potenzieller Fusionspartner haben eine vorläufige Vereinbarung getroffen, wie Sie Ihre Interessen am besten miteinander verbinden können, um so ein neues Unternehmen zu schaffen. Sie haben etliches an anstehender Arbeit an Anwälte und Investmentbanken delegiert und sind jetzt in der Lage, sich mit den nicht-finanziellen Fragen zu beschäftigen. Da geht es zunächst mal darum, wie Sie sich vor Ihren Leuten präsentieren und wie Sie die Botschaft verpacken.

Natürlich haben Sie schon Folien vorbereitet, die sehr klar auf das eingehen, was Ihrer Ansicht nach die Vorteile der Fusion sind: die Kostensenkungspotenziale, die bereits grob errechnet sind, das mögliche Wachstum zusammen mit dem Partner ... Worauf Sie bei Ihrer und Ihrer Leute Vorbereitung nicht so genau geachtet haben, ist die Tatsache, dass Ihre Fusion sehr schnell einem Minenfeld gleichen wird, in dem jeder Schritt der falsche sein kann.

Das erste Problem dürfte sein, dass Ihr Partner, mit dem Sie sich ja grundsätzlich einig sind, auch über die Fusion nachgedacht hat. Und auch er hat natürlich Folien vorbereiten lassen, die der Öffentlichkeit deutlich machen sollen, worum es geht. Die Titelseite ist noch die gleiche wie bei Ihrer Präsentation, aber dann: andere Integrationsmeilensteine, eine völlig andere Organisationsstruktur, Ziele, die mit Ihren nichts zu tun haben, und Empfehlungen zur Behandlung der „weichen" Faktoren, die Ihnen einen Schock versetzen.

Aber das ist noch nicht alles: Der Zeitplan ist geändert worden. Anstelle von Ihnen wird Ihr Partner zuerst präsentieren, weil er noch einen anderen Termin – fast wundert es Sie schon nicht mehr – in Ihrer Forschungsabteilung hat. Aber, so beruhigt er Sie, es werden zwei seiner besten Leuten die ganze Zeit anwesend sein und Ihre Präsentation verfolgen. „So machen wir das bei uns, Management by delegation", erklärt er mit strahlendem Lächeln.

Sie versuchen, Ihren Schock zu verdauen. Vor 20 Minuten sah alles so einfach aus. Sie sind davon ausgegangen, dass die Machtverteilung in der neuen Gesellschaft geklärt ist. Schließlich waren Sie es selbst, der das gesamte globale Geschäft während der ersten 45 Tage durch Besuche koordinieren sollte. Sollten nicht auch Sie derjenige sein, der den versammelten Angestellten den Grund für die Fusion persönlich erklären und als Ansprechpartner für die Beantwortung sämtlicher Fragen zur Verfügung stehen sollte? Ihnen sackt der Boden unter den Füßen weg, während Sie das Gefühl haben, dass die „Gegenseite" fester als je zuvor mit beiden Füßen auf der Erde steht.

Post-Merger-Integration gibt es nicht ohne Führung. Auch wenn eine großartige Vision die Mannschaft beflügelt, ist es erforderlich, eindeutige Führungsvorgaben zu erhalten, wie sie anzuwenden und auszuführen ist. Dazu gehört als erste und wichtigste Maßnahme die Festlegung der Führungsmannschaft auf der ersten Ebene. Da auch in den Ebenen zwei, drei und vier kein Vakuum entstehen sollte, müssen die Regelungen für diese Ebenen ebenso schnell getroffen werden. Und dann kommt es darauf an, dass alle neuen Manager auch wirklich das in die Tat umsetzen, was am ersten Tag vollmundig angekündigt wurde, und, dass sie das auch kommunizieren. Damit werden die Transparenz und die erforderliche Akzeptanz geschaffen. Was auf jeden Fall zu vermeiden ist, sogar für einen kurzen Moment, ist ein Vakuum in der Führung des neuen Unternehmens.

Jeder, der schon einmal einen erfolgreichen Integrationsprozess mitgemacht hat, wird sich daran erinnern, was die Gemeinsamkeit war, die alle Subprozesse ausgezeichnet hat: Es war die Schnelligkeit, mit der sie abgewickelt wurden. Je schneller das Management-Team tatsächlich mit seiner Arbeit beginnen kann, desto schneller sind die ersten positiven Auswirkungen der Fusion zu spüren. Wenn hier gebummelt wird, kann es äußerst schwierig werden, diesen Nutzen überhaupt zu quantifizieren und zu vermitteln. Dies zu sagen ist schon fast eine Binsenweisheit, aber es muss dennoch ausdrücklich darauf hingewiesen werden – ebenso wie darauf, dass es ganz besonders wichtig und erfolgskritisch ist, hier keinerlei Zeit zu verlieren, da sonst der gesamte Fusionseffekt infrage steht.

Obwohl alle wissen, dass das alles völlig selbstverständlich ist, wird das Top-Team nur höchst selten sofort eingesetzt. Und das ist genau der Grund, warum so viele Fusionen nicht die erwünschten Effekte erzielen. Wenn keine Führung da ist, gerät das neue Unternehmen ins Schwimmen, und das kann tödlich sein.

Ausstrahlung und Entschlossenheit der Spitzenleute verhindern das gefährliche Vakuum

Die erste Führungsebene des neuen Unternehmens sollte allerspätestens eine Woche nach Bekanntgabe der Transaktion eingesetzt werden. Die zweite Ebene sollte längstens einen Monat im alten Zustand bleiben. Länger als ein Vierteljahr sollte es dann auf keinen Fall dauern, bis auch das mittlere Management ausgewechselt und funktionsfähig ist.

Das klingt alles sehr einfach, ist aber mit großen Schwierigkeiten verbunden, weil es sehr klare und bestimmte Entscheidungen verlangt. Damit ist plötzlich verständlich, warum es bei 39 Prozent der Fusionen ein Problem mit der schnellen Etablierung der Führungsebenen gibt.

> **Fakt: Eile ist geboten.** Offensichtlich wird die Dringlichkeit bei der Etablierung der Führungsriege von 39 Prozent der Unternehmen, die vor einer Fusion stehen oder schon damit begonnen haben, nicht erkannt oder nicht ernst genommen. Das führt zu Unsicherheiten bei den Mitarbeitern, zu Gerüchten und in der Folge zu Panikreaktionen. Wer gut qualifiziert ist, verlässt in einer solchen Situation das Unternehmen. Kunden orientieren sich neu, weil sie nicht wissen, woran sie sind. Sie fühlen sich bei einem anderen Lieferanten sicherer.

In anderen Fällen werden diese Fehler nicht gemacht, dafür aber andere. Obwohl ein Plan mit genauen Aufgabenzuweisungen und Zeitvorgaben entwickelt wird, gelingt es doch nicht, aus zwei Teams eins zu machen, weil die Chemie einfach nicht stimmt. Gerade bei den viel zitierten „Fusionen unter Gleichen" passiert das ausgesprochen häufig.

Viele der 61 Prozent Unternehmen, die daran gedacht haben, ihre Führungsriege so schnell wie möglich zu etablieren, waren zum Teil trotzdem nicht erfolgreich, weil sie nicht schnell genug waren.

Die richtigen Leute an Bord zu bringen ist wichtig. Sie erst dann zu bestimmen, wenn das Schiff den Hafen verlassen hat, bringt keinen Effekt mehr, höchstens einen negativen. Die beste Führungsmannschaft kann nicht mehr integrierend wirken, wenn die Mitarbeiter bereits über neue Stellen bei anderen Firmen nachdenken, also zumindest innerlich bereits gekündigt haben.

Die pharmazeutische Industrie hat sich in den vergangenen Jahren auf globaler Ebene rapide konsolidiert. Vier herausragende Mega-Merger wurden seit 1995 angekündigt. Sie alle sind ein Beleg für die Notwendigkeit, sehr schnell nach der Fusion eine Führungsmannschaft zu etablieren. Zwei dieser Fusionen gingen in die Brüche, bevor sie Effekte zeigen konnten, weil beide betroffenen Unternehmen nicht in der Lage waren, sich darauf zu einigen, wer nun die Führung im neuen Unternehmen übernehmen sollte. 1998 waren Monsanto-American Home Products und Glaxo-Wellcome – SmithKline Beecham solche warnenden Beispiele. Wir gehen hier auf Monsanto ein, während Glaxo im Kapitel „Kultur" nähere Erwähnung findet.

Monsanto und American Home Products

Im Juni 1998 gaben Monsanto und American Home Products (AHP) ihren 35-Milliarden-Dollar-Merger bekannt, der beiden Unternehmen auf den ersten Blick eine Reihe von Vorteilen zu versprechen schien, weil er Monsantos biotechnologische Produkte und Medikamentenpipeline mit dem Vertriebs- und Marketing-Wissen von AHP verbunden hätte.

Als der Merger im Oktober 1998 scheiterte, war keine der beiden Seiten zu mehr als der allgemein gültigen Aussage bereit, der Deal sei nicht länger im Interesse der Shareholder gewesen. Spekulationen deuteten aber auf einen drohenden Machtkampf zwischen Monsantos CEO Robert Shapiro und seinem Counterpart John Stafford bei AHP hin.

Genau die Komplementarität, die auf der Produkt- und Vertriebsseite zu hervorragenden Ergänzungen führte, ließ die Fusion auf der kulturellen Seite scheitern: Monsanto steht für eine risikofreudige Kultur, während AHP eher für die konservative, kostenorientierte Richtung bekannt ist.

🖥 Monsanto finden Sie unter www.monsanto.com im Internet.

🖥 American Home Products finden Sie unter www.ahp.com im Internet.

Führung muss etabliert, demonstriert und wahrgenommen werden. Entscheidungen werden nicht im Vakuum gefällt. Und sie geschehen auch nicht einfach so. Besonders kommt es auf aktive Führung an, wenn schnelle Entscheidungen anstehen, die in der Lage wären, das Momentum der Fusion aufrecht zu erhalten und erste erfolgreiche Schritte vorwärts zu erzielen. Und an diesem Punkt findet die vielgepriesene Delegation definitiv ihr Ende. Die Vorstandsvorsitzenden beider Unternehmen können nicht so tun, als ob sie die Entscheidung über das Management delegieren könnten. Mitarbeiter brauchen das klare Mandat von oben, Manager die Zustimmung von unten.

Das alles heißt nun nicht, dass wir hier den starken Mann postulieren und davon ausgehen, dass der Erfolg einer Fusion am ehesten dann eintritt, wenn dem neuen Unternehmen ein charismatischer Führer voransteht. Natürlich gibt es viele Beispiele dafür, dass Charisma in so einer Position nicht schaden kann. Percy Barnevik oder Michael Eisner sind solche Beispiele, aber auch mit ganz normalen Zeitgenossen können Fusionen zum Erfolg geführt werden. Die vielen Fälle, wo kein Barnevik zur Hand war, belegen dies. Es geht nur darum, dass es ein Mann oder eine Frau mit Mut und Entschlossenheit ist, die die Sache in die Hand nehmen, die Entscheidungen fällen und auch dazu stehen. Das bedeutet häufig, dass man zunächst an Popularität einbüßt und dass viele bisherige Weggefährten von einem abrücken, weil man plötzlich nicht mehr die alten gemeinsamen Interessen vertritt, sondern neue, noch nicht in jedem Fall gemeinsame.

Eine Pharmazie-Fusion, die jahrelang im Patt stand, bis jemand es wagte, die Zügel an sich zu nehmen, war 1995 die Verbindung des schwedischen Unternehmens Pharmacia AB mit dem amerikanischen Upjohn. Was nach dem Deal geschah, ist aus verschiedenen Gründen typisch für „Fusionen unter Gleichen":

Pharmacia & Upjohn

Als sich Schwedens Pharmacia AB und die amerikanische Upjohn Co. im November 1995 entschlossen zu mergen, kamen beträchtliche Diskrepanzen zwischen dem schwedischen und dem amerikanischen Management ans Tageslicht. Die Entscheidung, den Hauptsitz des neuen Unternehmens in das neutrale London zu verlegen, sollte zeigen, dass keines der beiden Unternehmen in der „Fusion unter Gleichen" die Leitung übernehmen sollte. Doch als Upjohns CEO John Zabriskie zum CEO von Pharmacia & Upjohn ernannte wurde, während Jan Ekberg – der frühere CEO von Pharmacia – nur als non-executive chairman fungierte, war der Konflikt unvermeidbar.

Die Unzufriedenheit der schwedischen Manager – die einen kooperativeren Führungsstil gewohnt waren – führte zu immer mehr Kündigungen auf schwedischer Seite. Doch auch Zabriskie verließ das Unternehmen im Januar 1997. In etwas mehr als einem Jahr fiel der Aktienkurs um ca. 40 Prozent auf 28 US-Dollar.

Die von Fred Hassan – dem neuen CEO – 1997 initiierte Restrukturierung hatte Kosteneinsparungen, F&E-Investitionen und einen stärkeren Vertrieb zum Ziel. Im Vergleich zum zweiten Quartal 1997 hat sich der Aktienkurs 1999 – als Pharmacia & Upjohn erstmals konsistent steigenden Gewinn ausweisen konnte – mehr als verdoppelt.

Anfang April 2000 fusionierte Pharmacia & Upjohn mit Monsanto Company. Das neue Unternehmen heißt Pharmacia Corporation.

🖥 Pharmacia finden Sie unter www.pharmacia.com im Internet.

Das neue Unternehmen machte erst spät Anstalten, die Synergienpotenziale zu heben, von denen 1995 die Rede war. Das ist sicherlich Fred Hassan zu verdanken, der das Unternehmen seit 1997 leitet. Hassan kam von American Home Products und begann gleich damit, die Dinge zu tun, die schon zwei Jahre zuvor angestanden hätten:

- Er übernahm sofort die Kontrolle.
- Erster operativer Schritt war die Ernennung eines neuen Top-Management-Teams.
- Er ließ innerhalb von neun Wochen einen strategischen Plan entwickeln.

Um Entscheidungen zu erleichtern und zu beschleunigen, hat Hassan sein Management-Team überschaubar gehalten. Einige Manager wurden von außen rekrutiert, andere entstammten den beiden ursprünglichen Unternehmen. Der Heileffekt dieser Maßnahmen trat nahezu sofort ein.

Ein guter Start ist kein Grund, sich auf den Lorbeeren auszuruhen

Nicht alle Fusionen geraten so sehr ins Schwimmen, wie es mit Pharmacia & Upjohn geschehen ist. Entscheidungen in einem Umfeld, das wenig unterstützend und selbst verunsichert ist, sind naturgemäß schwierig. Aber selbst wenn das Klima eher kooperativ und günstig ist, gibt es keine Entschuldigung für Selbstzufriedenheit in der Führung. Kein Unternehmen kann es sich erlauben, hier eine ruhige Gangart vorzulegen, nur weil die Transaktion mit positiven Impulsen begonnen hat.

Novartis, der vieldiskutierte Zusammenschluss der ehemaligen Erzrivalen Ciba-Geigy und Sandoz ist ein Beispiel für die richtige Art und Weise, das Management-Team von vornherein zu etablieren. Der Nutzen dieses Vorgehens zeigte sich sehr schnell. Trotz der Konkurrenz bis dato entwickelte sich sehr schnell eine relativ entspannte Atmosphäre zwischen beiden Partnern, was die Leute an der Spitze nicht davon abhalten konnte, die erforderliche Härte und Dringlichkeit durchzusetzen. Das war um so einfacher, als der Deal sehr lange geheimgehalten wurde, in der Tat so lange, bis die kritischsten Integrationsthemen schon abgearbeitet waren:

> **Novartis**
>
> In den drei Monaten zwischen Beginn der Verhandlungen und Bekanntgabe des Mergers 1996 demonstrierten die beiden Unternehmen Ciba-Geigy und Sandoz durch zahlreiche Entscheidungen auf eindrucksvolle Weise, was effektive Führung ist: die Besetzung der Schlüsselpositionen, die Festlegung derjenigen Geschäftseinheiten, die abgestoßen werden sollen, und die Bestimmung eines Namens für das neue Unternehmen. Diese Entschlussfreudigkeit trug entscheidend dazu bei, die Unsicherheit auf allen Seiten zu verringern.
>
> Hauptziel des Mergers war es, sich mehr auf die Bereiche Gesundheit, Landwirtschaft und Ernährung zu konzentrieren. Zudem sollten durch Kostenreduzierungen und die Stärkung des F&E-Bereiches – der das Wissen der beiden ursprünglichen Unternehmen vereinen sollte – Einsparungen in Höhe von 1,7 Milliarden US-Dollar realisiert und der neue Führungsstil eng an Cibas flachen Hierarchie-Strukturen ausgerichtet werden.
>
> Im ersten gemeinsamen Geschäftsjahr wuchsen Nettogewinn und Cash-flow stark, der Umsatz stieg leicht und das Unternehmen übertraf seine Kostensenkungsziele für 1997. 1998 konnte Novartis seinen Umsatz um weitere zwei Prozent auf 24 Milliarden US-Dollar steigern, während der Nettogewinn um 16 Prozent auf ca. vier Milliarden stieg. Ende 1998 hatte das Unternehmen laut eigenen Aussagen bereits 89 Prozent des gesamten Kostenreduzierungsprogramms realisiert.
>
> Der Aktienpreis war im Vergleich zum vierten Quartal 1996 um fast 90 Prozent gestiegen, bevor er Anfang 1999 wieder fiel.
>
> 💻 Novartis finden Sie unter www.novartis.com im Internet.

Dem Novartis-Management war es von vornherein wichtig, alle Rollen definiert zu haben und sie auch zügig und zuversichtlich der gesamten Öffentlichkeit zu präsentieren.

Ein Beispiel für die Fähigkeit, anstehende Entscheidungen auch in einem feindseligen Klima zu fällen und damit die Integrationsphase zum Erfolg zu führen, ist die Fusion von zwei weiteren Schweizer Unternehmen, dieses Mal im Bankenbereich. Die Union Bank of Switzerland (UBS) und die Swiss Bank Corporation (SBC) haben sich 1997 zusammengeschlossen, um die United Bank of Switzerland zu bilden und damit die zweitgrößte Bank der Welt – gemessen an ihren Vermögenswerten. Kosteneinsparungen zwischen zwei und zweieinhalb Milliarden Dollar wurden aufgrund von Skaleneffekten erwartet, dazu kam die Annahme von gesteigertem Wachstum im Investment- und International Banking-Bereich. Aber diese Punkte standen sehr schnell nicht mehr im Fokus der Transaktion:

United Bank of Switzerland

Die Swiss Bank Corporation (SBC) war zwar nur zu 40 Prozent an der neuen United Bank of Switzerland beteiligt, übernahm aber trotzdem eine entscheidende Rolle bei der Besetzung der Führungspositionen. Marcel Ospel, der frühere CEO von SBC, wurde der CEO des neuen Unternehmens, und auch andere wichtige Gremien und Komitees wurden zum großen Teil mit SBC-Managern besetzt.

Die „Übernahme" durch die SBC führte 1997 zunächst zu Unsicherheit und Unzufriedenheit auf der anderen Seite – der Union Bank of Switzerland. Trotz des grundsätzlich negativen Klimas konnte Ospel die Kündigung von Managern dadurch verhindern, dass er die Organisationsstruktur und die ausgewählten Top-Manager bereits auf der ersten Pressekonferenz bekanntgab. Innerhalb von drei Monaten waren ca. 2 000 Schlüsselpositionen besetzt und damit Kündigungen von Top-Mitarbeitern des Unternehmens vermieden.

Die Unternehmensleistung erreichte 1998 mit einem Gewinn von ca. zwei Milliarden US-Dollar nur das untere Ende der Erwartungen. Als Ospel das Ergebnis des ersten Quartals 1999 bekanntgab, sagte er, dass der Merger „größtenteils verdaut" sei: Der Nettogewinn der Bank stieg um 21 Prozent auf 1,62 Milliarden Schweizer Franken.

Durch die Konzentration auf die Kernkompetenzen – die unter anderem zum Divestment verschiedener Beteiligungen, wie dem 75 Prozent-Anteil am Edelmetallverarbeiter Argor-Heraeus SA, und zum Verkauf von ausgewählten Immobilien führte – will das Unternehmen sein Ergebnis 1999 weiter steigern.

Der Aktienkurs des Unternehmens fiel 1998 von 477 US-Dollar pro Aktie auf 197, erholte sich aber seitdem kontinuierlich und erreichte im zweiten Quartal 1999 385 US-Dollar.

Die United Bank of Switzerland finden Sie unter www.ubs.com im Internet.

Manchmal muss jemand bereit sein zurückzustehen

Sich in die erste Reihe zu stellen und die Führung zu übernehmen ist in der Integrationsphase die Aufgabe Nr. 1 für den Mann an der Spitze. Nur so ist das Machtvakuum überbrückbar, das schon vielen hoffnungsvoll eingegangenen Fusionen die Basis genommen hat. Wer immer diese Rolle an der Spitze übernimmt, muss sich im Klaren darüber sein, dass es nicht ohne Härten abgeht. Die anhaltende Wettbewerbssituation beider Management-Teams, die noch nicht (an)erkennen wollen, dass sie nun eins sind, bringt – gelinde gesagt – intensive Auseinandersetzungen mit sich, wenn nicht gar Kämpfe bis aufs Messer.

Firmen unternehmen unterschiedliche Schritte, um diesen Problemen während der Fusion zu begegnen. Monsanto und American Home Products sagten nach Schwierigkeiten in der Führung die ganze Fusion ab. Bei DaimlerChrysler, wo bekanntlich zwei besonders starke Männer an der Spitze des jeweiligen Partners stehen, entschied man sich, die Integration unter einem Führungsdoppel abzuwickeln. Was auch möglich wäre, ist die Berufung einer dritten Person oder sogar die Übereinkunft, dass sich aus übergeordneten Gründen einer der Spitzenmänner dem anderen unterordnet, um die Fusion erfolgreich zu machen. Im Falle Morgan Stanley/Dean Witter ist das gelungen. Die vernünftige Abmachung, nur einen der bisher Verantwortlichen ganz nach oben zu stellen, hat dieser Fusion zum Erfolg verholfen.

Die Entscheidung zurückzustehen, überwindet persönlichen Ehrgeiz und sämtliche egoistischen Motive, um den Anforderungen der Fusion zu entsprechen. Aber sogar wenn es eigentlich keine Konkurrenz um die Macht im neuen Unternehmen gibt, ist Zurückhaltung geboten. Wenn an der Spitze ein eindeutig mit dem einen – und wohlmöglich stärkeren – Partner der Fusion zu identifizierender Manager steht, muss dieser Mann sehr vorsichtig sein.

> ### Morgan Stanley Dean Witter
>
> Morgan Stanley und Dean Witter entschieden im Februar 1997, ihre Fusion „Fusion unter Gleichen" zu nennen, obwohl sich das Kerngeschäft der beiden Unternehmen (Wertpapiergeschäft vs. Finanzdienstleistungen für Privatkunden) stark unterschied.
>
> Morgan Stanley gilt neben Goldman Sachs und Merrill Lynch als eine der alteingesessenen Top-Wall-Street-Investment-Banken, während Dean Witter – von dem sich das Handelsunternehmen Sears, Roebuck 1993 trennte – über einen großen Kundenstamm im Broker-Geschäft für private Anleger und im Kreditkartengeschäft verfügte. Aus Morgan-Stanley-Sicht könnte man die Fusion deshalb als Vorwärtsintegration betrachten.
>
> Die möglicherweise brisante Frage, wer das Unternehmen in Zukunft leiten soll, löste sich von selbst, als Morgan Stanleys CEO John Mack sich dazu entschloss, seinem Counterpart Phil Purcell das Amt ohne größere Machtkämpfe zu überlassen. Ein Co-CEO-Arrangement oder ein Kampf um den Führungsposten hätte den Integrationsprozess behindern oder sogar scheitern lassen können.
>
> Bereits während des Integrationsprozesses hat das Unternehmen seine Cross-Selling-Fähigkeit bewiesen: Als Morgan Stanley die Verantwortung für den Börsengang Conocos – vorher Teil des amerikanischen Chemie-Riesen DuPont – übernahm, hat Dean Witters ca. zehn Prozent des Aktienpakets – das mit mehr als vier Milliarden US-Dollar insgesamt der größte Börsengang in der amerikanischen Geschichte war – über sein Handelsbroker-Netzwerk an Endkunden verkauft.
>
> Seit Oktober 1998 stieg der Stammaktienpreis von Morgan Stanley Dean Witter von 37 auf über 100 US-Dollar.
>
> 💻 Morgan Stanley Dean Witter finden Sie unter www.msdw.com im Internet.

Jede extreme oder – noch schlimmer – einseitige Entscheidung wird von den Mitarbeitern des anderen Partners als Affront empfunden und die entsprechenden Reaktionen nach sich ziehen. Claude Bebear zum Beispiel, der Vorstandsvorsitzende der französischen Versicherungsgruppe Axa, spürte die Notwendigkeit, sich als Führer der Fusion zwar klar zu positionieren, aber den „weichen" Faktoren breiteren Raum zu geben. Auf diese Weise hatten die Mitarbeiter von Equitable, das damals in wirtschaftlichen Schwierigkeiten steckte, sich an die neuen Verhältnisse zu gewöhnen:

> ### Axa und Equitable
>
> Equitable Companies – eine der ältesten Adressen für Lebensversicherungen in den USA – bemühte sich Ende der 80er-Jahre inmitten drohender Rezession und eines abflauenden Markts um Immobilien und hochverzinsliche Schuldverschreibungen. Zur gleichen Zeit suchte Axa, ein französisches Versicherungsunternehmen mit einer über 150 Jahre alten Geschichte, nach einer Möglichkeit, den amerikanischen Markt zu erschließen.
>
> 1991 unterzeichneten Axa-CEO Claude Bebear und Equitable Chairman Richard Jenrette den Merger, in dem Axa mehr als eine Milliarde US-Dollar für einen 60-prozentigen Anteil an Equitable bezahlte. Die daran anschließende Integration der beiden Unternehmen wurde von einem früheren Axa-Vize-Präsidenten mit folgenden Worten beschrieben: „So glatt wie ein Merger zwischen verschiedenen Unternehmenskulturen meiner Erfahrung nach sein kann." Dieser Erfolg ist zum Teil auf Bebears Führungsstil zurückzuführen, Equitable eher als Partner denn als Akquisitionsziel zu betrachten.
>
> Sensibel für die kulturellen Schwierigkeiten, die bei einem Merger auftreten können, der über die eigene Landesgrenze hinausgeht, führte Bebear das Unternehmen nach dem Motto „Eigenständigkeit mit gewissen Einschränkungen". Mit anderen Worten: Er ließ Equitable-Mitarbeitern und Agenten eine beträchtliche Menge Unabhängigkeit und Autonomie.
>
> Axa arbeitet heute in 60 Ländern weltweit und rangiert unter den Top 5 der größten Versicherungsgruppen. 20 Prozent seines jährlichen Umsatzes bezieht Axa heute aus Nordamerika.
>
> 💻 Axa finden Sie unter www.axa.com im Internet.

Leider kommt es häufig vor, dass die anvisierte Kooperation in der Praxis nicht so schlüssig ist wie in der theoretischen Überlegung vor dem Deal. Vielleicht können beide Seiten sich nicht einigen, wer nun führen soll, oder sie haben das nur selten trügerische Gefühl, dass die Geschlossenheit des neuen Unternehmens sofort einen Riss bekommt, wenn feststeht, dass die eine Seite in irgendeiner Frage „gesiegt" hat. In einem solchen Fall ist es häufig sinnvoll, wirklich jemanden von außen zu holen, der in der Lage ist, die richtigen Impulse zu geben, ohne bei jeder Initiative auf dem Prüfstand von ca. 50 Prozent der Belegschaft zu stehen.

Wie schon erwähnt bringt gelegentlich auch das Führungsdoppel die Fusion einer positiven Entwicklung näher. Soweit es von außen zu beurteilen ist, hat sich die Fusion DaimlerChrysler bisher gut entwickelt. Das hat natürlich Gründe, die in der generalstabsmäßigen Planung – wie bei Novartis – liegen, aber auch den Grund, dass die besonderen Herausforderungen, die zum Teil auf Größe, zum Teil auf Kulturunterschieden beruhen, von zwei Personen gleichzeitig an unterschiedlichen Stellen in Angriff genommen werden. Es scheint der Stärke von Jürgen Schrempp in Zusammenarbeit mit Robert Eaton zu verdanken zu sein, dass schon zwei Monate nach dem Abschluss des Deals im November 1998 erste positive Ergebnisse zu berichten waren:

DaimlerChrysler

Jürgen Schrempp und Robert Eaton verstanden die neuen Regeln für effektive Unternehmensführung und haben sie bis ins kleinste Detail befolgt. Sie setzten ihre Priorität bei der Post-Merger-Integration auf die Auswahl des neuen Top-Managements und die Entwicklung einer neuen Organisationsstruktur. Und sie erreichten ihr Ziel unerwartet schnell.

Das Management zeigte Führungsqualitäten und kümmerte sich um die in der Luft liegenden „Wer-", „Wie-" und „Was-"Fragen. Innerhalb der ersten 55 Tagen nach dem Merger waren alle Top-Management-Posten besetzt, das weltweite Marketing und die Vertriebsstruktur festgelegt und die Markenpolitik entschieden. Zusätzlich definierte DaimlerChrysler seine Beschaffungsstrategie und initiierte ein unternehmensweites Programm für die Weiterbildung von Führungskräften.

Das unterschiedliche Entlohnungsniveau – das bei den früheren Chrysler-Managern deutlich höher lag – erschwerte am Anfang die Bewältigung dieser Aufgaben. Für die 250 Top-Manager in Deutschland wurde deshalb nach amerikanischem Vorbild eine neue Entlohnungsstruktur ausgearbeitet, die Incentives und Weiterbildungsmöglichkeiten bietet.

1998 konnte das Unternehmen einen Umsatzzuwachs von zwölf Prozent, eine Nettogewinnsteigerung von 29 Prozent und eine Steigerung der Mitarbeiterzahl um vier Prozent (auf 441 000) verzeichnen.

💻 DaimlerChrysler finden Sie unter www.daimlerchrysler.com im Internet.

Die Entscheidung darüber, wer das vereinigte Unternehmen führen soll, ist die wichtigste und entscheidenste Frage im Frühstadium einer Fusion. Die Entscheidung wird immer davon abhängen, wie sensibel die anstehenden Themen sind und wie die Ergebnisse der Due-Diligence ausgefallen sind. Auf jeden Fall muss hier schnell gehandelt werden, damit die Richtung von vornherein klar ist. Um hier eine solide Entscheidungsbasis zu haben, muss auf die Due-Diligence zurückgegriffen werden. Sie sollte geklärt haben, welches Management letztendlich erfolgreicher und zukunftsgewandter gehandelt hat, wer sich für eine Top-Position eignet und wer unbedingt in unterstützender Funktion an Bord bleiben sollte. Exxon und Mobil haben aus diesen Gründen vor der Fusion ganz gezielt zunächst mit ihrer Human-Resources-Due-Diligence begonnen. Auf diese Weise werden sie, nachdem die regulatorischen Hürden und kleinere Probleme mit den Anteilseignern aus dem Weg geräumt sind, nach dem Deal in der Lage sein, ihre Arbeitnehmer nicht zu verunsichern, sondern ihnen – vor allem den Leistungsträgern – klare und gute Arbeitsbedingungen zu bieten:

Exxon Mobil

Der Merger zwischen den beiden früheren Geschäftseinheiten von Standard Oil hat ein globales Erdöl- und Chemieunternehmen mit einem Börsenwert von 255 Milliarden US-Dollar hervorgebracht – dem zu dieser Zeit größten Merger in der amerikanischen Geschichte. Der Zusammenschluss hatte die Entlassung von 18 000 Mitarbeitern zur Folge. Zwischen der Ankündigung der Fusion Ende 1998 und der Zustimmung der amerikanischen Federal Trade Commission (FTC) vergingen ganze elf Monate. Der Prüfungsprozess der FTC wurde gemeinsam mit der Europäischen Kommission durchgeführt und zählte zu den aufwendigsten und umfangreichsten Verfahren dieser Art. Um eine Entscheidung nicht noch länger hinauszuzögern, und vor allem die Auflagenrisiken abschätzen zu können, arbeiteten Exxon und Mobil eng mit der Regulierungsbehörde zusammen.

Die fast einjährige Prüfungsperiode wurde von beiden Unternehmen intensiv dazu genutzt, ihre Due-Diligence-Bemühungen zu vertiefen und die Fusion umsetzungsreif zu machen. Als wesentliche Detaillierungsschritte zählten die Besetzung wichtiger Schlüsselpositionen von Mitarbeitern, die man im Unternehmen halten wollte. Etwa 20 Due-Diligence-Teams sammelten Hintergrundinformationen über das Personal zur weiteren Aufarbeitung und versuchten durch Incentive-Pläne die Mitarbeiter mindestens so lange zu halten, bis der Merger umgesetzt war.

🖥 Exxon Mobil finden Sie unter www.exxonmobil.com im Internet.

Es muss schnell gehen – egal mit wem

Nochmals: Eile ist geboten. Die Nutzeffekte einer schnellen Reaktion sind zahlreich: Die Beteiligten wissen sofort, woran sie sind, es gibt keine Möglichkeit, irgendwelchen Gerüchten oder Spekulationen Raum zu geben. Die Börse erhält klare Signale, und die Arbeiter und Angestellten wissen, wer der Boss ist.

Dieses positive Signal hilft, Zustimmung zu der Fusion zu erhalten, und zeigt, wer in Zukunft für die Orientierung zuständig ist. Wenn das anders gelöst wird, wenn die notwendige Eile nicht an den Tag gelegt wird, beginnt das Projekt schon mit Unsicherheiten und Problemen und wird sicherlich so schnell nicht davon loskommen. Eins ist ganz sicher: Wenn Entscheidungen aufgeschoben werden, wird das langfristige Auswirkungen haben, die man mit etwas Entschlossenheit von vornherein vermeiden kann.

Astra und Zeneca

Mit dem 38-Milliarden-US-Dollar-Zusammenschluss der schwedischen Astra AB und der britischen Zeneca Group LTD zur AstraZeneca PLC Anfang 1999 wurde eine nahezu vorbildliche Fusion durchgeführt.

Der charismatische Chief Executive Tom McKillop führte das damals weltweit drittgrößte Pharmaunternehmen in nur 80 Tagen zusammen – mehr als doppelt so schnell wie der zuvor fusionierte Rivale Novartis, der für den gleichen Prozess 198 Tage benötigte. AstraZeneca legte in den ersten Wochen bereits zwei der vier Managementebenen verbindlich fest und bestimmte die Standorte des Hauptsitzes in England und der zentralen Forschungsabteilung in Schweden. Eine gemeinsame Vision und ähnliche Kulturen von beiden Unternehmen vereinfachten die Integration erheblich.

Die Fusion hatte einschneidende Restrukturierungsmaßnahmen und daraus resultierende Kosteneinsparungen zur Folge und stellte gleichzeitig attraktives Wachstum in Aussicht. Die Planungen von AstraZeneca sahen den Abbau von 6 000 Arbeitsplätzen vor, die aber nach einer Konsolidierungsphase durch Neueinstellungen in gleichem Umfang in den nächsten Jahren wieder ausgeglichen werden sollten. Mit der Fokussierung auf das Kerngeschäft Pharma spaltete AstraZeneca die Spezialitätenchemie und den Agrochemiesektor ab. Der Neuaufbau einer gemeinsamen Forschungsabteilung mit einem konkurrenzfähigen Budget von jährlich zwei Milliarden US-Dollar soll das Wachstum des Unternehmens zukünftig sichern.

Bereits in der dritten Quartalsbilanz nach der Fusion gab das Unternehmen eine Steigerung des Umsatzes von 31 Prozent und des Vorsteuergewinns von 54 Prozent bekannt, womit es die Wettbewerber deutlich in den Schatten stellte. Die Aktienmärkte honorieren den lukrativen Zusammenschluss trotz exzellenter Quartalsreports und Prognosen bis heute nur mit einer schwach ansteigenden Seitwärtsbewegung. Der Grund dafür liegt im auslaufenden Patentschutz der beiden Medikamente Zestril und Prilosec, die zusammen etwa 32 Prozent des Gesamtumsatzes ausmachen. Nach Ablauf des Schutzes 2001 bzw. 2002 wird mit einem Umsatzeinbruch von mehreren hundert Millionen US-Dollar gerechnet. Trotz erheblicher Forschungsaufwendungen konnte bisher kein adäquates Nachfolgepräparat entwickelt werden.

🖥 AstraZeneca finden Sie unter www.astrazeneca.com im Internet.

Die neue Spielregel: Führung ist ein zentrales Thema schon vor dem Abschluss. Ein Führungsvakuum darf nicht entstehen.

International Paper lernt offensichtlich bei jeder Fusion dazu. Das bisher letzte Fusionsprojekt der Amerikaner war die Integration mit Union Camp, einem weiteren Papierproduzenten. Noch bevor die Fusion komplett zum Abschluss gekommen war, gaben beide Unternehmen schon die Führungsstruktur des neuen Unternehmens bekannt:

International Paper und Union Camp

Im November 1998 äußerte der International Paper Chairman und CEO John Dillon gegenüber Analysten, dass das Unternehmen seine Wachstumsziele durch gezielte Akquisitionen weiter verfolgen werde. Das 100 Jahre alte Unternehmen, das seine Produkte weltweit in mehr als 130 Ländern verkauft und eine Komponente des Dow-Jones-Indexes ist, wollte seine Kundenorientierung verstärken, ohne dabei an Qualität und Innovationskraft zu verlieren.

Nur zwei Wochen nach dieser Aussage gab das Unternehmen die 7,9-Milliarden-US-Dollar-Akquisition des Wettbewerbers Union Camp bekannt. Zwei Jahre vorher hatte IP bereits erfolgreich einen anderen, kleineren Wettbewerber integriert: Federal Paper.

> Das Besondere an dieser Fusion ist, dass das gesamte Leitungsteam – nicht nur das Top-Management, sondern auch das geographische und produktspezifische Management – bereits 45 Tage vor dem offiziellen Abschluss des Geschäfts feststand.
>
> Im April 1999 stimmten die Shareholder beider Unternehmen dem Merger schließlich zu. IPs Aktienpreis stieg in den ersten vier Monaten von 1999 um mehr als 35 Prozent, während der Aktienpreis von Union Camps sich von 34 US-Dollar im September 1998 auf 79 Ende April 1999 mehr als verdoppelte.
>
> 💻 International Paper finden Sie unter www.internationalpaper.com im Internet.

Die beste Vision vom gemeinsamen Unternehmen ist unwirksam, wenn nicht sofort das richtige Management-Team eingesetzt wird, das in der Lage ist, trotz operativer Barrieren und persönlicher Animositäten diese Vision in kurzer Zeit der Verwirklichung deutlich näher zu bringen.

Was Sie tun müssen – eine Checkliste

Wenn Sie noch unentschlossen sind, wer nun die Führung übernehmen soll und wie alles im Einzelnen zu arrangieren ist, tun Sie unbedingt auf der Stelle drei Dinge:

- ↗ **Kommunizieren Sie vor dem Deal einen Entwurf für die Führungsstruktur** (auch wenn noch kein Name genannt wird), sodass völlige Klarheit herrscht, wie das Geschäft in Zukunft geführt wird.

- ↗ **Behalten Sie Ihre guten und leistungsfähigen Mitarbeiter an Bord.** Die strategische Due-Diligence hat Ihnen die Informationen vermittelt, wo in der Organisation Ressourcen stecken, die unbedingt auch weiterhin zur Mannschaft gehören müssen. Das kann durch überzeugende Argumente funktionieren, es kann aber auch sein, dass sie durch finanzielle Anreize motiviert werden müssen, im Unternehmen zu bleiben.

- ↗ **Handeln Sie so schnell, wie die Situation es verlangt.** Das Schlüsselwort ist hier ganz klar „Schnelligkeit". Starre Zeitpläne nutzen nichts. Vertrauen Sie besser der Grundregel, dass Eile geboten ist, und entscheiden Sie in Einzelfällen so, wie es Ihnen Ihr Geschäftssinn eingibt.

Spielregel 3: Wachstum
Behalten Sie das Thema Wertsteigerung im Auge

IN KÜRZE:

Die neue Spielregel, die sich mit Kostensenkung und Kostensynergien im Zuge von Fusionen befasst, lautet: Kostensenkung darf in der Integrationsphase immer nur zweitrangig sein. Natürlich ist es nicht zu leugnen, dass fast alle Fusionen Gelegenheiten bieten, erhebliche Summen einzusparen. Aber der eigentliche Beweggrund, eine Fusion anzustoßen und sie dann auch zu realisieren, sollte ein anderer sein: Wachstum.

Wachstum bedeutet, die Potenziale der Fusion dahingehend zu nutzen, dass die kombinierten Ressourcen so zusammenarbeiten, dass an mehr Kunden mehr Produkte abgesetzt werden können. Damit werden Wachstumssynergien genutzt, ohne die eine Fusion eigentlich nicht sinnvoll ist. Wer nur nach den Kosten schielt, wird feststellen, dass sehr leicht eine zu starke Schrumpfung eintreten kann, die anschließend auf Jahre verhindert, dass das Unternehmen weiter wächst. Kurz gesagt, es gibt neben Kosten- auch Wachstumssynergien. Unsere Studie hat deutlich gezeigt, dass die Unternehmen heute – unglücklicherweise – noch immer auf Kosten fokussieren:

Fakt 1: Kostensenkung ist der Fokus bei fast allen Fusionen. Etwa 76 Prozent der untersuchten Unternehmen haben sich in erster Linie mit Kostensynergien beschäftigt.

Fakt 2: Wachstumschancen werden ignoriert. Immerhin 30 Prozent der befragten Unternehmen haben offensichtliche Wachstumschancen außer Acht gelassen, zum Beispiel Cross-Selling oder die gemeinsame Nutzung von Intellectual Capital im F&E-Bereich.

Vor vier Monaten gaben Sie einem Team ausgewählter Mitarbeiter eine herausfordernde Aufgabe: Untersuchen Sie unsere strategischen Chancen und finden Sie einen Partner für eine Fusion oder Akquisition, mit dessen Hilfe wir diese Chancen noch besser wahrnehmen können.

Das Hintergrundmaterial über jedes Unternehmen, das die Gruppe anlässlich einer Präsentation in die Diskussion bringt, ist umfangreich. Es geht vor allem um Synergien, und die gehen sehr schnell in etliche Millionen. „Das sieht gut aus", denken Sie, und auch Ihr Controller macht sich bei jeder neuen Zahl eifrig Notizen.

Jetzt soll diskutiert werden. Nach kurzer Pause kommen die ersten Wortmeldungen:

„Alle diese Synergien sind doch im Endeffekt Kostensenkungen? Sehe ich das richtig?"

„Genau", antwortet der Diskussionsleiter schnell, während er eine zusammenfassende Folie auf den Projektor legt. Jeder hat Gelegenheit, die beeindruckenden Zahlen noch einmal auf sich einwirken zu lassen. Aber Sie haben noch eine Frage, die Sie stellen, weil Ihnen nicht ganz wohl ist bei der Idee einer Kostensenkungsphase: „Was passiert dann? Was passiert, wenn wir all diese Kosten eingespart haben?"

Seltsamerweise schweigt der ansonsten wortgewandte Diskussionsleiter betreten. Eine Antwort will ihm nicht auf die Zunge kommen. Der Controller scheint konsterniert zu sein, er blickt Sie an, blickt den Diskussionsleiter an, der blickt zurück: „Entschuldigen Sie bitte, ich habe Ihre Frage nicht ganz verstanden. Worum ging es Ihnen?"

Seit dem Fusionsfieber der 80er-Jahre wird heute kaum eine Pressemitteilung zum Thema „Fusion" geschrieben, die nicht harte Fakten darüber verbreitet, wie das neue Unternehmen aufgrund von Synergien signifikante Kostenreduktionen vornehmen will. Das Wort „Wachstum" ist dagegen erheblich seltener Gegenstand der Veröffentlichungen.

Synergien sind, das ahnen Sie schon, fast so ein Mythos wie „fit". Während die Mär vom guten Zusammenpassen oft aus der Richtung des Investmentbankers kommt, werden Synergien von der gleichen Seite an die Beteiligten herangetragen. Und bei Synergien handelt es sich meist um ein Synonym für Kostensenkung oder gar um einen Euphemismus für Entlassungen und Standortschließungen, und diese haben ja bekanntlich direkte Wirkungen auf die Analysten.

Diese Einseitigkeit ist sehr bedauerlich, denn die wirklich gut vorbereiteten und im Endeffekt erfolgreichen Fusionen haben zwei Arten von Synergien zu bieten: Effizienzsynergien, wo es tatsächlich um die Möglichkeit von Kostensenkungen geht, und Wachstumssynergien, die marktorientiert sind, aber in der Öffentlichkeit wenig Beachtung finden.

Selbst wenn am Anfang an beides gedacht wurde und das neue Unternehmen die unterschiedlichen Synergien parallel angegangen ist, zeigt sich nur selten der erwünschte Erfolg. Die Unternehmen verteilen ihre Aktivitäten meistens sehr schnell falsch und widmen sich auf Kosten der Wachstumsmöglichkeiten zu stark den Effizienzsynergien. Das sehr häufige Missverständnis, dass ein Einbruch im Umsatz bei einer Fusion nicht zu vermeiden ist und dass es erst danach mit neuer Kraft aufwärts gehen kann, ruft geradezu zu einer solchen Verhaltensweise auf.

Wir werden hier aufzeigen, wie Sie, anstatt solchen völlig falschen Auffassungen zu folgen, wirklich die vielversprechenden Wachstumssynergien nutzen können, die von Anfang an im Zentrum Ihrer Überlegungen stehen sollten. Zeit und Ressourcen für Kostensenkungen sollten vergleichsweise sparsam eingesetzt werden, sodass die Wachstumsmöglichkeiten und -chancen zu ihrem Recht kommen.

Wir stehen auf dem Standpunkt, dass Fusionen, auch wenn sie oft scheitern und andere negative Implikationen haben, grundsätzlich ein erstklassiger Weg sind, die Wachstumspläne einzelner Unternehmen im Team mit dem Partner in die Tat umzusetzen.

Wir haben herausgefunden, dass Wachstum durch Akquisition dem traditionellen Wachstum aus eigener Kraft oder – wie es auch heißt – dem organischen Wachstum, in nichts nachsteht. Die Wirkung ist dieselbe; erfahrungsgemäß schaffen es fusionierte Unternehmen noch schneller, während organisches Wachstum seine Zeit braucht. Denn: Kein organisches Wachstum ist linear, es verläuft eher in einer Spirale. Man wächst, fällt etwas zurück, wächst weiter.

Diese Erkenntnisse sind sehr wichtig und sehr ermutigend für alle Unternehmen, die sich mit dem Gedanken an eine Fusion tragen. Aber Vorsicht: Die professionell gestaltete Integration ist der Schlüssel zur Nutzung der Wachstumsmöglichkeiten. Sie muss gründlich, entschieden, der Wichtigkeit angemessen und sorgfältig durchgeführt werden.

Selbstmord mit Synergien: Kostensenkung ist kein Garant für Erfolg

Effizienzsynergien stehen immer noch sehr im Zentrum der Fusionsphilosophien. Die Realität der Integrationsphase stellt dies allerdings infrage, weil sie weder signifikant häufig wirklich genutzt werden konnten, noch – wenn es denn möglich war – hat die Nutzung der Kostensynergien irgendeinen Einfluss auf das spätere Schicksal des neuen Unternehmens gehabt.

Die Ironie der wirtschaftlichen Entwicklung stellt uns ein Beispiel für eine Fusion zur Verfügung, von der die Synergieverfechter sagen könnten, dass sie nach dem Lehrbuch erfolgt ist, wenn nicht der eher ungünstige Verlauf dagegen spräche. Im Falle Wells Fargo und First Interstate Bancorp wird deutlich, wie die Medizin den Patienten fast umgebracht hätte:

Wells Fargo & Co. / First Interstate Bancorp

Als sich die beiden Wettbewerber 1996 in einer 11,3-Milliarden-US-Dollar-Transaktion zusammenschlossen, ging man aufgrund der großen Überschneidungen im kalifornischen Bankenfilialnetz davon aus, dass sich durch die Reduzierung der Betriebskosten Synergien im Wert von 800 Millionen US-Dollar ergeben würden. 1996 wurden diese durch eine 20-prozentige Reduzierung der Mitarbeiterzahl teilweise erreicht.

Zusätzlich entdeckte Wells Fargo beträchtliches Einsparpotenzial in der Informationstechnologie (IT). Um die Integration der Computersysteme schnell voranzutreiben, setzte sich das Unternehmen selbst ein Limit von nur sieben Monaten für die Integration aller First Interstate Bancorp Filialen. Wells Fargo erreichte dieses Ziel zwar fast, aber die Aktionen wirkten sich sowohl auf interne als auch auf Kundenbeziehungen negativ aus. Den geringeren Betriebsgewinn führte das Unternehmen später auf Probleme im Back-Office zurück.

Wenn der Aktienpreis ein Indikator für Erfolg ist, dann hat der First Interstate Merger seinen Erfolg trotz der anfänglichen Probleme bewiesen: Seit 1996 hat sich der Preis der Wells-Fargo-Aktien fast verdoppelt. Ende 1998 gab das Unternehmen einen Merger mit Norwest – einer erfolgreichen Regionalbank – bekannt. Um die Integration zu beschleunigen und die Unsicherheit zu verringern, hat das Unternehmen auf seiner Homepage mehrere Seiten veröffentlicht, die sich auf den Merger beziehen.

💻 Wells Fargo finden Sie unter www.wellsfargo.com im Internet.

In der Realität des täglichen Geschäfts ist es sehr schwierig, die Balance zu halten zwischen dem Aufwand, mit dem das neue Unternehmen effizient gemacht wird, und dem Aufwand, der benötigt wird, um es wachsen zu sehen. Heute scheint es, als ob diese Balance zugunsten der Effizienz nicht immer gehalten wird.

Fakt 1: Kostensenkung ist der Fokus bei fast allen Fusionen. Unser Global PMI Survey hat gezeigt, dass 76 Prozent aller Unternehmen ihren Schwerpunkt auf die Realisierung von Effizienzsynergien legen. Trotzdem schaffen die meisten von ihnen es nicht, bestehende Synergien wirklich zu nutzen oder, wenn sie den Versuch unternehmen, dies auch erfolgreich durchzuführen.

Anstatt die Wachstumssynergien stärker zu beachten, sind die Top-Manager in erster Linie an Effizienzgewinnen interessiert. Dass sie damit sehr leicht in die Gefahr geraten, das Unternehmen zu schrumpfen, statt sein Wachstum zu unterstützen, wird häufig zu spät deutlich. Wells Fargo ist hier ein warnendes Beispiel.

Das sagt nichts darüber aus, dass „schlank" nicht immer auch „schön" ist, nur Magersucht ist nicht erstrebenswert. „Magersüchtige" Unternehmen schaffen es mit stark reduzierten Ressourcen nicht mehr, in die Wachstumsspirale zu kommen. Sie können sich sehr leicht zu Tode schrumpfen, ohne dabei in irgendeiner Form von der günstigen Kostensituation zu profitieren.

Fakt 2: Wachstumschancen werden ignoriert. Die Tatsache, dass 30 Prozent der befragten Unternehmen offensichtliche Wachstumschancen gar nicht beachten, wenn sie fusionieren, deutet darauf hin, dass es in vielen Firmen gar kein Wachstumsbewusstsein mehr gibt. In den 70er-Jahren, als die Grenzen des Wachstums ein vieldiskutiertes Thema waren, ist das Bewusstsein für die wirtschaftliche Notwendigkeit von Wachstum offensichtlich verloren gegangen. Deshalb werden heute von etlichen neu fusionierten Unternehmen Cross-Selling-Möglichkeiten oder andere Wachstumschancen gar nicht wahrgenommen.

Wachstum muss im Mittelpunkt stehen

Ein gutes Beispiel für eine wachstumsorientierte Fusion gab 1996 der amerikanische Konsumgüterhersteller Gillette, der sich mit dem Batteriehersteller Duracell zusammentat. Gillette sucht gezielt nach Wachstumsmöglichketen und findet sie in Fusionspartnern wie Duracell, die zwar auf den ersten Blick nicht passen, Gillette aber in einem bestimmten Bereich weiterbringen.

Gillette und Duracell

Sucht man nach einem Unternehmen mit einer überzeugenden Entwicklungsgeschichte, so braucht man nicht weiter als nach Boston, Massachusetts, zu blicken, wo seit ca. 100 Jahren das Headquarter von Gillette steht.

Gillette ist auf der ganzen Welt als Unternehmen bekannt, das seine Ziele, seine Chancen und den Weg dorthin genau kennt. Der Hersteller von hochwertigen Pflege- und persönlichen Gebrauchsprodukten hat es sich zum Ziel gemacht, die Nummer eins oder zwei in allen Märkten zu werden, in denen er agiert.

Das erreicht Gillette nicht nur durch intensive Forschung und Entwicklung, sondern auch durch Marketing und – vor allem – Distributionserfahrung. Aufgrund eines gut entwickelten Netzwerks sind Gillette-Rasierklingen praktisch überall auf der Welt zu finden. Laut Schätzungen des Unternehmens verwenden 1,2 Milliarden Menschen – das entspricht mehr als 20 Prozent der Weltbevölkerung – täglich mindestens ein Gillette-Produkt.

Ende 1996 akquirierte Gillette Duracell in einem ca. 7,2-Milliarden-US-Dolar-Deal, der von Gillette zu Beginn als eine ideale Cross-Selling-Möglichkeit beschrieben wurde. Das Unternehmen ging davon aus, dass es Duracells führende Position in der Alkali-Batterie-Branche nicht nur in den USA nutzen, sondern auch global Vorteile aus der Akquisition ziehen konnte.

Die Auswirkungen zeigten sich nahezu sofort: Duracells Umsatz stieg 1997 trotz eines gesättigten Marktes um zehn Prozent, was größtenteils auf Gillettes Fähigkeit, die Duracell-Produkte schnell und effektiv in das bestehende Netzwerk einzugliedern, zurückzuführen war. Die Ergebnisse des ersten Jahres übertrafen selbst Gillettes hohe Erwartungen.

> Warren Buffett – Vorstandsmitglied von Gillette – hat ein Faible für Unternehmen, die Produkte produzieren oder Dienstleistungen anbieten, die grundsätzliche menschliche Bedürfnisse befriedigen. Menschen werden sich auch in Zukunft rasieren. Außerdem scheinen sie in Zukunft eine Menge Batterien zu benötigen, um ihre Pager, Mobiltelephone und tragbaren CD-Player am Laufen zu halten – und ab und zu auch ihre Taschenlampen.
> - 💻 Gillette finden Sie unter www.gillette.com im Internet.
> - 💻 Duracell erreichen Sie immer noch unter www.duracell.com im Internet.

Alle Top-Manager, die an einer Fusion beteiligt sind, müssen verstehen, dass eine Addition von zwei Unternehmen zwar unter dem Strich einen höheren Umsatz, aber nicht zwingend auch Wachstum bedeutet. Eine Fusion kann – wie gesagt – auch zur Schrumpfung führen, wenn die Barrieren, die einem gesunden Wachstum im Wege stehen, nicht zügig entfernt werden.

Der Gedanke, dass ein neues Unternehmen zunächst mal eine Umsatzkrise durchmachen muss, ist nichts als ein Mythos. Es gibt keine Basis für eine solche Annahme, abgesehen davon, dass sie weniger erfolgreichen Fusionierern Zeit gibt, in der sie unbehelligt weiter zum Umsatzminus beitragen können.

Darüber hinaus halten wir es für wichtig, nicht nur mit diesem Mythos Schluss zu machen, sondern auch an seiner Stelle einer neuen These Beachtung zu schenken: Es gibt auch Wachstumssynergien, und wenn man sie nutzt, schafft man es, die Fusionen in positive Bahnen und zum Erfolg zu führen.

Exxon und Mobil haben Wachstumssynergien bereits Beachtung geschenkt, bevor die Regulationsbehörde der Fusion zustimmte:

Exxon und Mobil

Als die beiden weltweit agierenden Erdölunternehmen im November 1998 ihre Fusion bekanntgaben, konzentrierten sich Beobachter auf eine einzige Zahl: die geplanten 2,8 Milliarden US-Dollar Kosteneinsparungen, die das Unternehmen erzielen wollte. Zwei Drittel dieses Betrags sollten durch den Abbau von Überkapazitäten, die Neuausrichtung der operativen Prozesse und die Reduzierung der Mitarbeiterzahl realisiert werden. Die Wachstumschancen – die laut beiden Unternehmen der wahre Grund für den Merger waren – erhielten möglicherweise nicht die Aufmerksamkeit, die sie eigentlich verdient hätten. Sie ergeben sich aus der Komplementarität der beiden Unternehmen in vielen Bereichen. Aufbauend auf der Erfahrung beider Unternehmen und einer Neuorganisation des neuen, gemeinsamen Unternehmens nach Produkt und Service – statt wie bisher nach Geographie – kann Exxon Mobil seine vorhandenen Ressourcen jetzt sowohl in der Produktion als auch im Vertrieb auf die optimale Menge von Produkten konzentrieren. Vor der Fusion hätte es zum Beispiel passieren können, dass das eine Unternehmen zwar die Rechte für die Erschließung eines bestimmten Gebietes besitzt, ihm aber die Technologie des anderen Unternehmens fehlt, um in diesem Gebiet kostengünstig zu agieren.

Wie Exxon und Mobil treffend bemerkten, leistete ihre Fusion zwei Dinge: Eine kurzfristige Realisierung von Synergien in den operativen Prozessen (das heißt Kostensynergien) und einen höheren Umsatz, weil jetzt eine größere Zahl von langfristigen Wachstumsprojekten (d. h. Wachstumssynergien) finanziert werden können. Letzteres wird dem Unternehmen eine stärkere und stabilere Position in schnellwachsenden Bereichen wie Erdgas ermöglichen.

Die Zustimmung der Regulierungsbehörde steht noch aus, doch der Markt hat bereits positiv auf den Merger reagiert. Der gemeinsame Börsenwert der beiden Unternehmen stieg – auch aufgrund der kürzlich gestiegenen Rohölpreise – von 238 Milliarden US-Dollar bei der Bekanntgabe des Mergers auf 265 Milliarden Ende Juli.

🖳 Exxon finden Sie unter www.exxon.com im Internet.
🖳 Mobil finden Sie unter www.mobil.com im Internet.

Eine klassische „Stream"-Fusion, die von vornherein das Thema Wachstum zum Inhalt hatte, ist die Zusammenführung von Disney und American Broadcasting (ABC), die durch Disneys Akquisition von Capital Cities zustande kam. Dieses Projekt hat das weltweit größte Unternehmen der Unterhaltungsindustrie geschaffen.

Die Position von ABC ist schon lange nicht mehr die gleiche wie zu der Zeit, als sie mit NBC und CBS den US-Fernsehmarkt im Griff hatten. Aber ABC kontrolliert noch immer etliche Medien, von denen Disney profitieren kann. Deshalb besteht hier ein Wachstumsmotor für Disney, den es benötigt, weil nur wenige andere Wachstumsmöglichkeiten für das Konglomerat übrig geblieben sind.

Walt Disney Company

Im Februar 1996 akquirierte Walt Disney für 19 Milliarden US-Dollar Capital Cities/ABC Inc. Dieser Deal verband Walt Disneys Themenparks sowie Film- und Fernsehstudios mit ABCs Absatzmöglichkeiten über Funk und Fernsehen und ermöglichte es dem Unternehmen so, Sendezeiten und Werbeblöcke zu beeinflussen. Zudem sollte ABCs weltweites Netzwerk eine stärkere Globalisierung der Disney-Aktivitäten bewirken. Bei Disney sind einige Manager nur dafür zuständig, Cross-Merchandising-Möglichkeiten aufzuspüren, um den Erfolg neuer Spielfilme und Fernsehshows zu vergrößern. ABC fügt diesen Möglichkeiten eine weitere bedeutende Dimension hinzu.

Weil es praktisch keine Überschneidungen zwischen den beiden Unternehmen gab, gab es nur wenige Möglichkeiten, Kostensynergien auszuschöpfen. Doch für Disney-CEO Michael Eisner lag der Schwerpunkt der Akquisition sowieso auf dem Wachstum: Die Reorganisation des neuen Unternehmens, die nach dem Merger durchgeführt wurde, betraf neben Disneys eigenem Kanal auch ABC-Sender wie den Sport-Sender ESPN.

Trotz erheblicher Anfangs- und Integrationskosten stieg der Betriebsgewinn in dieser Sparte 1998 – bei einem Umsatzsteigerung von zehn Prozent auf 7,1 Milliarden US-Dollar – um drei Prozent auf 1,3 Milliarden.

💻 Walt Disney Company finden Sie unter www.disney.go.com im Internet.

Soweit war die Entscheidung für Disney von Erfolg gekrönt. Die Fusion zwischen Disney und ABC hat Wachstumspotenziale in der erhofften Weise zugänglich gemacht und Disney damit für einige Jahre gut positioniert.

Walt Disney setzte zudem einen Trend: Vier Jahre später vollzogen America Online und Time Warner eine reine Wachstumsfusion der gleichen Art. Bemerkenswert ist dabei, dass ein junges New-Economy-Unternehmen eine etablierte und wesentlich größere Firma gekauft und diese in perfekter Weise ergänzt hat.

America Online und Time Warner

Mit der 111-Milliarden-US-Dollar-Übernahme von Time Warner Inc. durch America Online Inc. (AOL) im Januar 2000 fand eine symbolische Verschmelzung von führenden Unternehmen aus der Old und New Economy statt. Das daraus entstandene Unternehmen AOL-Time Warner bietet seinen 130 Millionen Abonnenten in den USA nun ein umfassendes Angebotsspektrum von Zeitschriften, Musik, Filmen und Internetzugang aus einer Hand.

Bestechend an diesem Zusammenschluss war die Gegensätzlichkeit beider Firmen, wodurch die Fusion zu einer schwierigen Aufgabe mit vielversprechenden Perspektiven wurde. Der noch vergleichsweise junge Internetserviceanbieter AOL mit 12 000 Mitarbeitern und fünf Milliarden Dollar Umsatz kaufte den etablierten Medien- und Kabelnetzgiganten Time Warner, der mit 67 000 Angestellten einen fünfmal höheren Umsatz erzielte. Als eine „Fusion unter Gleichen" versprach dieses Geschäft für AOL einen uneingeschränkten Zugriff auf die Breitbandnetze des zweitgrößten amerikanischen Kabelanbieters Time Warner und somit wesentlich höhere Zugriffsgeschwindigkeiten auf das Internet. Time Warner sah im Internet einen zukunftsgerichteten und lukrativen Vertriebsweg für seine vielfältigen Medieninhalte. Die Möglichkeiten zum Cross-Branding im Internet sowie ausführliche Informationen über die Lese-, Musik- und Surfpräferenzen der Mitglieder versprachen zudem ein attraktives zusätzliches Werbegeschäft.

Die Prüfung der Fusion durch die amerikanischen Regulierungsbehörden FTC und FCC zog sich jedoch über ein ganzes Jahr hin. Ernsthafte Bedenken bezüglich der entstehenden Marktmacht und die Einschränkung freier Wahlmöglichkeiten und der Privatsphäre der Konsumenten ließen auch die Börse sehr verhalten reagieren. Nach der Genehmigung des Zusammenschlusses im Januar 2001 und eines – trotz rückläufiger Konjunktur – exzellenten Quartalsreports, verflüchtigten sich diese Bedenken jedoch schnell.

AOL-Time Warner finden Sie unter www.aoltimewarner.com im Internet.

Ein weiteres Beispiel, das Wachstum für wichtiger gehalten hat als Mythen zum Thema Effizienz, ist der Aluminiumhersteller Alcoa. Das amerikanische Unternehmen hat zahlreiche Akquisitionen getätigt, um ehrgeizige Wachstumsziele zu realisieren.

Die größte Akquisition bis heute wurde 1998 getätigt. Es ging um die Integration von Alumax, einem erbitterten Wettbewerber auf dem US-Markt:

Alcoa

Alcoa hat es sich zum Ziel gesetzt, das erfolgreichste Aluminiumunternehmen der Welt zu sein und verfolgt dafür die Strategie, profitabel zu wachsen. Blickt man genauer hin, so bringen Details eine überzeugende und glaubwürdige Wachstumsstrategie zum Vorschein, die von Akquisitionen getrieben und durch hohe Gewinne in einem harten, globalen Markt bestätigt wird.

Das Unternehmen mit Sitz in Pittsburgh, Pennsylvania, machte einen großen Schritt vorwärts, als es im Juni 1998 seinen kleineren amerikanischen Konkurrenten Alumax für 3,8 Milliarden US-Dollar erwarb. 1998 schloss das Unternehmen mit einem Umsatz von 15 Milliarden und setzte sich das Ziel, Ende 2000 die 20-Milliarden-Marke zu erreichen. Bereits im ersten Quartal der Integration trug Alumax positiv zu Umsatz und Gewinn bei. Neben Wachstum liegt Alcoas Fokus auf einer aggressiven Kostenreduzierung, die durch die Optimierung der operativen Prozesse (800 Millionen) und durch Kostensynergien aus dem Alumax-Kauf (300 Millionen US-Dollar) erreicht werden soll.

Der Optimismus, der diese Vorhersagen durchdringt, zeigt sich auch in den Ergebnissen: Obwohl die Aluminiumpreise 1998 um 20 Prozent fielen, wuchs Alcoas Umsatz um 15 Prozent und der Nettogewinn um sechs Prozent. Chairman Paul O'Neill, der seinen Posten im Dezember 2000 aufgeben wird, verbreitet diesen Optimismus: So wie Warren Buffet wohl davon ausgeht, dass die Welt immer Coca Cola trinken wird, scheint er zu glauben, dass die Welt dieses Coca Cola aus Aluminiumdosen trinken wird. Wo andere Überkapazitäten und sinkende Preise befürchten, sieht O'Neill lieber Chancen und bemerkt, dass der gegenwärtige Pro-Kopf-Verbrauch an Aluminium in Indien und China nur acht Prozent des US-Verbrauchs ausmacht.

Zudem hält er die steigende Verwendung von Aluminium im Transport – wie zum Beispiel in der Karosserie des Audi A8 – für eine der größten Veränderungen in der heutigen Industrie. Schon heute ist die Transport-Branche Alcoas größtes Marktsegment, das 1998 um fast 20 Prozent auf 3,7 Milliarden US-Dollar wuchs. Der Integrationsprozess von Alumax schreitet schnell voran, und die Art und Weise, wie dies geschieht, zeigt, dass Alcoa den Grundsatz „Menschen zuerst" tatsächlich befolgt: Alcoa überließ die Leitung des Australien-Geschäfts – eines der größten Auslandsgeschäfte – einem langjährigen Alumax-Mitarbeiter.

🖥 Alcoa finden Sie unter www.alcoa.com im Internet.

Wachstum ist auch in reifen Märkten möglich

Die Beispiele Gillette, Exxon Mobil, Disney und Alcoa sind sehr deutlich in ihrer Aussage zum Thema Wachstum. Ihre Wachstumsstorys sind überzeugend und reizen zur Nachahmung. Offensichtlich sind erfolgreiche Fusionen durch Nutzung von Wachstumssynergien möglich.

Die neue Spielregel: Konzentrieren Sie sich auf Wachstum, steigern Sie den Unternehmenswert, anstatt ihn durch zuviel Kostensenkung letztlich zu reduzieren.

Aber: Synergien sind wichtig, auch Effizienzsynergien. Natürlich muss Doppelarbeit vermieden werden, natürlich gibt es zahlreiche andere Möglichkeiten hinsichtlich Gebäudenutzung, Standortzusammenlegung etc., die Ersparnisse bringen, ohne notwendigerweise Mitarbeiter zu entlassen. Was nur auf keinen Fall geschehen darf, ist die zu starke Konzentration auf die Kosten. Hier graben sich Unternehmen das eigene Grab. Der wirkliche Erfolgstreiber ist das sorgfältig vorbereitete und schnell realisierte Wachstum, zu dem die Fusion Tür und Tor öffnet. Dass nebenbei Einsparprogramme laufen, widerspricht dem nicht. Sie dürfen nur nicht im Zentrum der Überlegungen stehen.

Viele Unternehmen, über die wir in diesem Abschnitt geschrieben haben, blicken auf eine lange Tradition zurück. Batterien, Petroleum und Aluminium-Halb- und Fertigfabrikate sind nichts Neues und werden heute nicht mehr als besonders interessante Industrien betrachtet. Disney ist zwar stark in der Unterhaltungsindustrie, war aber zum Zeitpunkt der letzten Fusion – nach der von Michael Eisner getriebenen Steigerung des Shareholder Value ab Mitte der 80er-Jahre – an einem Punkt angekommen, von dem aus nur noch wenig Entwicklung möglich schien.

Das ist Grund genug für all diese Unternehmen, das Wachstum, das sie nun doch wieder erreicht haben, laut zu kommunizieren und sich davon zu weiteren großen Taten inspirieren zu lassen. Wie Vision ist auch Wachstum keineswegs nur für die Unternehmen machbar, die High-Tech-Führer sind – wie zum Beispiel Cisco Systems, die Best Practice demonstriert haben.

Cisco Systems

Die Liste der „Fortune 500" unter den größten amerikanischen Unternehmen zeigt deutlich, wie schnell Cisco Systems seit seiner Gründung 1984 gewachsen ist. In der aktuellen Liste steht das Unternehmen – trotz zeitweisen Einbruchs – auf Platz 107 und hat damit traditionelle Größen der Computerindustrie hinter sich gelassen.

Dank einer Kombination aus organischem Wachstum und der erfolgreichen Integration von 25 Akquisitionen konnte Cisco seinen Umsatz seit 1995 mit 8,5 Milliarden US-Dollar fast vervierfachen und seinen Nettogewinn mit 1,3 Milliarden US-Dollar verdreifachen. Bei Routern und Switches, die für den Aufbau der Internet-Infrastruktur entscheidend sind, besitzt Cisco einen Marktanteil von ca. 80 Prozent.

Die Akquisition von Unternehmen wird für Cisco nach wie vor der entscheidende Erfolgsfaktor für schnelles Wachstum und die Nutzung von Wettbewerbsvorteilen sein.

Mit einem Umfeld, das sich durch rapide technologische Veränderungen und Verbesserungen auszeichnet, könnte Cisco vermutlich auf lange Sicht nicht Schritt halten, wenn es jedes neue Produkt selbst entwickeln würde. Kostensynergien spielen – soweit sie vorhanden sind – in Ciscos Akquisitionen eine weitgehend untergeordnete Rolle. Der „Wachstumsschwerpunkt" ergibt sich aus der Art der Branche.

Ciscos Aktienkurs stieg zwischen Oktober 1998 und Juli 1999 um 200 Prozent, was zu einem Börsenwert von 200 Milliarden US-Dollar führte.

Cisco Systems finden Sie unter www.cisco.com im Internet.

Was Sie tun müssen – eine Checkliste

Es gibt keine wirklich erfolgreiche Fusion ohne Wachstum. Die Perspektive, positive und expansive Ziele zu verwirklichen, ist sehr viel konstruktiver als die Angst vor Schrumpfung und Verlust, die oft nach der Fusion herrschen.

- **Am Anfang sollten so schnell wie möglich Wachstumssynergien umgesetzt werden.** Wachstumschancen ergeben sich zwingend aus der gemeinsamen Vision, die per se wachstumsorientiert ist. Es gibt in der Regel Wachstumssynergien, das heißt Potenzial, den Umsatz schnell hochzukurbeln. Diese Synergien ergänzen das Einsparpotenzial in internen Prozessen und zum Beispiel in der Beschaffung.

- **Priorisieren Sie dann Gebiete, in denen Kostensenkungen anstehen.** Auf Basis der Due-Diligence und eventuell eines Benchmarkings mit anderen Unternehmen können Sie schnell erkennen, wo Kostensynergien liegen. Sie müssen realisiert werden, während die Wachstumsinitiativen laufen.

Spielregel 4: Schnelle Gewinne
Handeln Sie konstruktiv, erzielen Sie Erfolge und kommunizieren Sie, was Sie erreicht haben!

IN KÜRZE:

Meistens verbreitet sich relativ schnell nach einer Fusion eine gewisse Unsicherheit. Sie betrifft nicht nur die Mitarbeiter, sondern auch Lieferanten, Kunden und Anteilseigner. Sie alle sind offen für Informationen über konkrete Pläne bzw. Ziele, die ihnen mehr Sicherheit geben. Häufig sind Informationen zu diesem Zeitpunkt zu langfristig angelegt, als dass sie den Betroffenen zu Beginn des Integrationsprozesses positive Impulse geben könnten.

„Early wins" oder schnelle Gewinne sind substantielle und nachhaltige Ergebnisse von Initiativen, die sofort nach der Fusion klar machen, dass Verbesserungen möglich sind und welcher Art sie sein werden. Damit wird es einfacher, Zustimmung zu erhalten, sei es innerhalb oder außerhalb des Unternehmens.

Viele Unternehmen können intern schnelle Gewinne verzeichnen durch Verkauf von Vermögenswerten, durch verbesserte gemeinsame Nutzung von Intellectual Capital und durch Verbesserungen des Arbeitsumfeldes.

Fakt 1: Die meisten Unternehmen suchen nur intern nach „early wins". Nur sehr wenige Unternehmen versuchen, außerhalb des eigenen Unternehmens nach schnell realisierbaren Verbesserungsmöglichkeiten zu suchen, zum Beispiel in der Supply Chain.

Fakt 2: Unternehmen, die intern suchen, missverstehen Arbeitsplatzstreichungen als Erfolg. 61 Prozent der fusionierten Unternehmen suchen an der falschen Stelle nach schnellen Gewinnen, zum Beispiel indem sie vorschnell Arbeitsplätze streichen, Fabriken schließen oder andere kostenorientierte Initiativen unternehmen. Die Emotionen, die mit solchen Aktionen verbunden sind, können sich äußerst negativ auswirken, sodass man dann durchaus auch von schnellen Verlusten sprechen kann.

Wenn Ihre strategische Due-Diligence angemessen ausgeführt wurde, sollten Sie wissen, welche Hebel Sie in Bewegung setzen müssen, um zu „early wins" zu kommen.

Vergessen Sie Ihren Bonus für einen Moment! Sie haben urplötzlich andere Probleme.

Die Gewerkschaften beklagen sich über Entlassungen, die nicht dem entsprechen, was vereinbart war. Die Börsenanalysten der großen Investmentbanken überlegen ernsthaft, ob sie anstelle von „buy" für Ihre Aktie in Zukunft „hold" empfehlen oder gar das Brandmark „sell" vergeben sollen.

Schätzungen Ihrer Gewinn- und Verlustrechnung für das nächste Quartal hinken hinter denen Ihrer Wettbewerber her. Moody's haben schon erwogen, Ihr Unternehmen herunterzustufen.

Dazu kommt, dass die Europäische Kommission Ihnen auf den Füßen steht, weil Sie eine exzeptionelle Marktposition haben, und dass eine Fusion möglicherweise nur zugesagt wird, wenn Sie Desinvestionen in einigen Bereichen vornehmen. Welches Tochterunternehmen wird es sein, dass Sie Ihnen wegnehmen wollen?

Zur gleichen Zeit sind Ihre Wettbewerber nicht untätig. Sie umgarnen Ihre wichtigsten Kunden und versuchen, Ihre besten Führungskräfte wegzuschnappen, egal ob im Marketing, in F&E oder in der Konstruktion.

Dazu hat der Wettbewerb seine Werbung verstärkt, um auf diese Weise an neue Verbraucher zu kommen. Zwei Headhunter sind beauftragt worden, personell bei Ihnen den Rahm abzuschöpfen.

Und bei alledem haben Sie sich zusammen mit Ihrem Fusionspartner an die Nr. 2 des Weltmarktes gesetzt. Anstatt nun das zu tun, was Sie am besten können, nämlich darauf aufzubauen, was vor der Fusion Ihre Stärke war, müssen Sie sich darauf konzentrieren, 35 000 neuen Mitarbeitern klarzumachen, worum es nun eigentlich geht an ihren veränderten Arbeitsplätzen.

Sie sind wahrlich nicht zu beneiden.

Was tun in dieser Situation? Glücklicherweise hat das Team, das die Fusion vorbereitet hat, wirklich gründlich und umfassend gearbeitet. Es hat sich über das rein Finanzielle hinaus eine Reihe von Bereichen identifiziert, in denen schnelle Gewinne möglich sind. Jetzt zu handeln wird dem ganzen Pro-

jekt eine große Unterstützung sein. Alle, auch und gerade die Mitarbeiter, werden erkennen, dass es vorangeht mit dem neuen Unternehmen, dass jedwede Panik unnötig ist.

Ein solches Szenario ist nicht Ungewöhnliches. So wie die Anzahl der sogenannten Mega-Fusionen ansteigt, ist es wahrscheinlich noch eine Verharmlosung gegenüber dem, was tatsächlich passieren könnte.

Wenn Sie sich einen Moment zurücklehnen, werden Ihnen zwei Dinge klar werden. Zunächst stellen Sie fest, wer Ihr eigentlicher Feind in dieser Situation ist. Wer Ärger macht, sind sicherlich nicht Ihre Mitarbeiter, ganz egal wie brutal sie nach Informationen verlangen und wie scharf und kritisch ihre Fragen sind. Unter den Beteiligten außerhalb des Unternehmens gibt es eine Reihe von Kandidaten, die Feinde sein könnten, die Ihre Pläne gern zerstören möchten, aber auch keiner von ihnen ist die Wurzel allen Übels.

Die Analysten und der Finanzmarkt sind da schon gefährlicher. Sie haben sehr große Macht, gerade in der Zeit unmittelbar nach der Fusion. Es gibt eine Bemerkung des amerikanischen Polit-Beraters James Carville, der angeblich in seinem nächsten Leben sehr gerne als „der Finanzmarkt" auf die Welt käme, weil nichts ohne diesen geschieht. Aber selbst der Finanzmarkt muss seine Macht verantwortungsbewusst einsetzen. Ebensoviel Verantwortung haben Gewerkschaftsvorsitzende und Chefs von Kartellbehörden.

Alle diese können einem Unternehmen das Leben schwer machen, vor allem dann, wenn Sie keine Klarheit darüber haben, was zu erwarten ist. Sie haben Erwartungen, aber Sie wissen nichts Genaues. Einige der Erwartungen sind möglicherweise unrealistisch hoch und einige beruhen sicherlich nicht auf den gleichen Fakten und Annahmen, die Ihre Entscheidung für die Fusion getrieben haben. Sicher ist, dass in allen Fällen die Mitarbeiter, Kunden oder andere wichtige Gruppen nicht genau wissen, was sie zu erwarten haben.

Zur gleichen Zeit sind diese Gruppen verständlicherweise ungeduldig, weil die von Ihnen versprochenen Veränderungen und Erfolge nicht so schnell eintreten, wie sie es gerne hätten.

Nicht nur Worte, die Beteiligten wollen Taten sehen

Die richtige Offensive gegen Unsicherheit in so einer Situation sind schnelle Gewinne oder angelsächsisch: „early wins". Schnelle Gewinne sind kleine Vorankündigungen späterer Verhältnisse und senden positive Signale an alle, die aufnahmebereit für solche Botschaften sind. Sie reflektieren die substantiellen und nachhaltigen Gewinne, die erst eintreten, wenn die Integration erfolgreich abgeschlossen ist. Dabei geben sie bereits einen Eindruck von den späteren positiven Ergebnissen und sollten kommuniziert werden, damit auch jeder in die Fusion involvierte Mitarbeiter, jeder Kunde und Lieferant mitbekommt, was alles möglich ist. Der erzielte „good will" hilft, Akzeptanz zu finden und die Fusion weiter voranzutreiben in Richtung auf die Fernziele, die viele noch nicht voll verstanden haben.

Das mag wieder sehr einfach klingen, nach gesundem Menschenverstand und Selbstverständlichkeit. Es gibt eigentlich kein Argument gegen eine solche Vorgehensweise.

Was wir aus jahrelanger Erfahrung wissen, ist aber, dass Manager nur zu gerne Dinge sagen, die dem gesunden Menschenverstand entsprechen, sie aber nur allzu selten wirklich tun. Allein in den vergangenen drei oder vier Jahren ist die Geschäftswelt mit reichlich vielen Milliarden-Fusionen konfrontiert worden, bei denen in äußerst seltenen Fällen das neue Unternehmen diese Ratschläge angenommen oder auch nur verstanden hätte.

Schnelle Gewinne müssen sinnvoll erarbeitet werden. Zur Zeit geschieht das offensichtlich nicht; zwei Fakten aus unserer Studie zeigen, wie mangelhaft man sich um dieses Problem kümmert.

> **Fakt 1: Die meisten Unternehmen suchen nur intern nach „early wins".** Weniger Unternehmen als angenommen versuchen, schnelle Gewinne zu erzielen und wenn, dann nur innerhalb ihres Unternehmens. Sie vermeiden es, auch Beziehungen zu Kunden und Lieferanten in ihre Überlegungen einzubeziehen.
>
> Die Gelegenheit, die Beziehungen in der gesamten Supply Chain zu überdenken und zu optimieren, besteht in jeder Fusionssituation.

Fakt 2: Unternehmen, die intern suchen, missverstehen Arbeitsplatzstreichungen als Erfolg. Nach unserer Studie suchen die Verantwortlichen bei 61 Prozent der Fusionen die schnellen Gewinne an der falschen Stelle. So kommt es zu Entlassungen, Fabrikschließungen und anderen Kostensenkungsmaßnahmen, die das eigentliche Thema der Fusion außer Acht lassen.

Wir würden nie behaupten, dass all diese Dinge völlig überflüssig oder gar schädlich sind. Sie sind sogar notwendig. Wir haben nur beobachtet, dass sie viel zu stark in den Fokus rücken und viel zuviel Zeit in Anspruch nehmen. Diese Versuche, die an der Fusion Beteiligten zu beeinflussen, rächen sich in der Regel, weil sie eine negative und demotivierende Konnotation haben. Vor allem Mitarbeiter verstehen in der Regel nicht, warum eine Fabrikschließung ein Erfolg sein sollte.

Im vorhergehenden Abschnitt haben wir Unternehmen präsentiert, die gezieltes Wachstum geplant und verfolgt haben. Natürlich braucht Wachstum Zeit. Es kann deshalb kein schneller Gewinn sein, keine Munition, wenn es darum geht, die Unsicherheit zu bekämpfen, die sich in den Tagen und Wochen nach dem Abschluss breit macht.

Hier wollen wir uns darauf konzentrieren, in welchen Bereichen wir diese Munition finden können, was sich dafür eignet, wie man sie sammelt und wie man darüber spricht.

Intern und extern sind schnelle Gewinne möglich

Der stärkste Fokus auf der Suche nach „early wins" wird auf nur ein paar Aspekte der Kostenseite gelegt. Fusionierende Unternehmen erwähnen mit großer Regelmäßigkeit Entlassungen schon zu Beginn der Integrationsarbeit, selbst wenn sie noch gar nicht sicher sein können, ob und in welchem Umfang es dazu kommt. Das Gleiche gilt für Standortschließungen oder die Zusammenlegung von F&E-Abteilungen, Rechtsabteilungen oder Human Resources.

Denken Sie für einen Moment an den Effekt, den die vage Aussage „Es wird Entlassungen geben!" auf alle Beteiligten haben könnte.

Wenn Sie in einer großen Fabrik arbeiten, die ein Teil des neuen Unternehmens ist, und Sie hören am Abend in den Nachrichten, dass das Gerücht aus der Mittagspause Realität ist, dass also tatsächlich Stellen zur Disposition stehen, was fragen Sie sich dann? In welchem Bereich? Nur Verwaltungsjobs oder auch Produktionsjobs? Wer weiß mehr? Wie viele werden es sein? Wann wird es passieren? – Viele Fragen, keine Antworten.

Wenn das die Informationen sind, die Angestellte von ihrem Management erhalten, sollte niemand verwundert sein, wenn immer mehr Leute Angst haben und ihre Motivation ins Nichts sinkt. Das wird so lange geschehen, wie jedermanns Aufmerksamkeit sich mit der schlechten Nachricht beschäftigt.

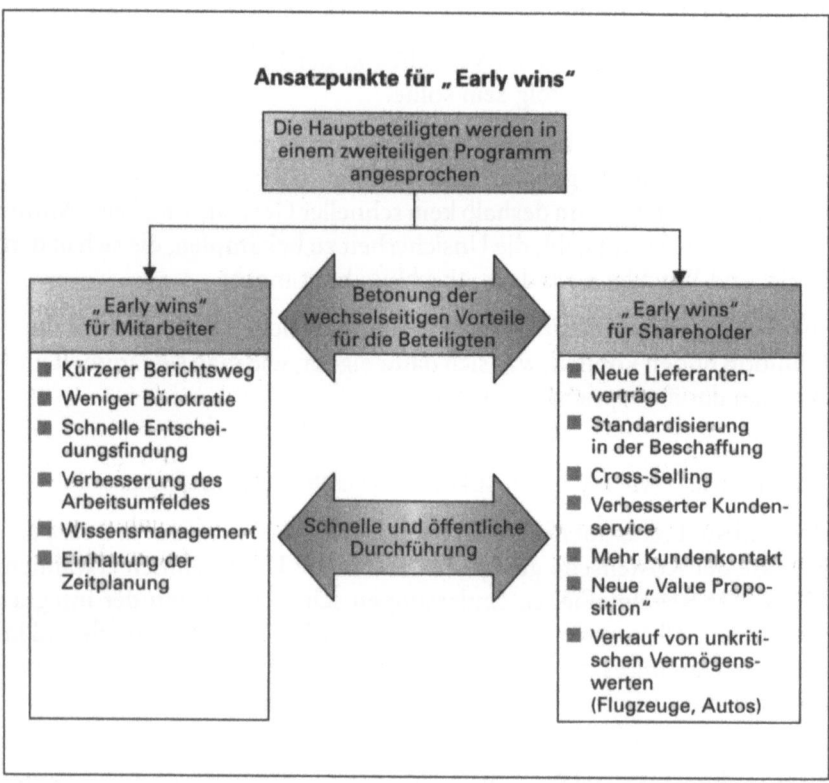

Abbildung 6: „Early wins" für alle Beteiligten

Die Botschaft dieser Systematik ist, dass hart und schnell daran gearbeitet werden muss, dass gewisse Kostensenkungen umgesetzt werden. Ganz gleichgültig, wie die verschiedenen Gruppen ihre Position sehen, es ist in der Regel doch beiden Seiten klar, wo offensichtliche Doppelarbeiten im neuen Unternehmen liegen. Diese Doppelarbeiten müssen – das wird jeder einsehen – so schnell wie möglich eliminiert werden, verbunden mit einer ganz klaren Aussage. Das Ganze lässt sich sicherlich positiv darstellen und gibt dem Unternehmen neue Freiheitsgrade in der Organisation.

Es gibt zwei wichtige Nutzeffekte, wenn man es schafft, Kostensenkungen schnell durchzuziehen. Zunächst verschiebt sich der Fokus von der Planung auf die Ausführung. Endlich hört das permanente Planen auf. Es ist Zeit zu handeln. Zum zweiten kann man davon ausgehen, dass die Effekte einer schnellen Kostenreduzierung, die im Rahmen bleibt, sogar den Weg für die Wachstumsinitiativen freimachen.

Abbildung 6 bietet eine ganze Reihe von Feldern an, in denen „early wins" zur Bekämpfung der Unsicherheit und zur Steigerung der internen und externen Zustimmung möglich sind.

Denken Sie einmal nach über das folgende Beispiel für die Verbesserung einer Arbeitsumgebung, das die Mitarbeiter sehr stark motiviert und schnell zu einer Verbesserung der Leistung in der Fabrik geführt hat.

Das folgende Beispiel betrifft den Transportdienstleister Penske und den Maschinenbauer Detroit Diesel und zeigt, wie „schnell" man einen Gewinn erzielen kann. Roger Penske, der als Rennfahrer bekannt geworden ist, erwarb 1988 80 Prozent von Detroit Diesel, einem Hersteller von Dieselmotoren, der zu General Motors gehörte. Die Gesellschaft ist inzwischen an die Börse gegangen, Roger Penske ist aber immer noch Hauptanteilseigner:

Detroit Diesel

Als sich Auto-Magnat Roger Penske 1988 in Detroit Diesel einkaufte, war es eine seiner ersten Maßnahmen, Werke zu besichtigen und der niedrigen Produktivität und der fehlenden Mitarbeitermotivation auf den Grund zu gehen.

Auf seiner Besichtigungstour gab es vor allem eine Sache, die ihm ins Auge stach: die Cafeteria, in der die Bandarbeiter ihre Pausen verbrachten. Dieser Raum hatte den Charme eines wenig genutzten Landbahnhofs. Bemühungen, die Cafeteria zu erneuern, waren vorher vermutlich am Bürokratismus der Muttergesellschaft General Motors gescheitert. Penske beschloss, dass die alte Cafeteria weg musste. Eine kurze Analyse ergab, dass das Unternehmen, das das Design einiger McDonald's Restaurants entworfen hatte, auch Unternehmensküchen und -speiseräume planen und ausstatten kann. Der Kontakt wurde hergestellt und die alte Cafeteria durch eine neue ersetzt. Innerhalb von zwei Monaten kamen die Mitarbeiter in den Genuss einer neuen, 800 000 US-Dollar teuren Cafeteria mit der fröhlichen und freundlichen Atmosphäre eines modernen Restaurants. „Wir haben die Entscheidung gefällt und sie umgesetzt", war der Kommentar eines Managers.

Bevor Penske an Bord kam, kränkelte Detroit Diesels Marktanteil bei drei Prozent der Schwerindustriemarktes. Innerhalb von drei Jahren stieg dieser Anteil um 25 Prozent. Das Schöne an diesem Erfolg ist, dass das Unternehmen auch heute noch auf dieselbe Belegschaft setzt wie 1988 – als Penske ins Spiel kam. Heute tritt Detroit Diesel Kopf an Kopf gegen Caterpillar und Cummings an und wies 1998 einen Umsatz von 2,3 Milliarden US-Dollar aus.

Detroit Diesel finden Sie unter www.detroitdiesel.com im Internet.

Was Roger Penske hier demonstriert hat, war die Art von Sensibilität, die das neue Management eines fusionierten Unternehmens an den Tag legen muss. Es war kein Geheimnis, dass die Leute von Detroit Diesel schlecht motiviert waren und dass das wahrscheinlich in erster Linie zur niedrigen Produktivität beigetragen hat. Das ließ Penske nach einer schnell durchführbaren und positiv aufzunehmenden Aktion suchen, die auf die Zustimmung gerade dieser Gruppe stoßen würde. Dieser Aspekt muss gesehen werden, wenn man seine Handlungsweise beurteilt, er ist der Schlüssel für den Erfolg. Woher kommt diese Sensibilität? Im Falle einer Fusion ist sie wohl eine Funktion der sorgfältig durchgeführten Due-Diligence. Die hier gesammelten Fakten und Annahmen bilden die Grundlage für die Kenntnis der Zusammenhänge und ermöglichen die Konzentration auf die Bereiche, wo Zustimmung besonders wichtig ist. Erfahrungen mit anderen Fusionen oder Restrukturierungen machen ebenfalls sensibel.

Der Nutzen, sich in positiven Bereichen zu bewegen, ist eindeutig, ganz gleichgültig, ob auf der Suche nach „early wins" in den Bereichen Kosten, Umsatz oder Intellectual Capital. Wer sich zu stark auf das Kostensparen konzentriert, riskiert, in die Schrumpfungsspirale zu geraten, anstatt in die Wachstumsspirale. Natürlich können Stellenstreichungen rein technisch gesehen durchaus schnelle Gewinne sein, aber sie können auch rasch zu Verlusten werden, wenn nicht schnell und deutlich genug kommuniziert wird, was der Hintergrund ist und wie damit verbundene Personalprobleme gelöst werden.

Suchen Sie nach „early wins" an der Kundenfront oder in der Forschung

Wenn durch eine sorgfältige Due-Diligence die notwendige Sensibilität geschaffen werden konnte, gibt es kaum Grenzen für die Kreativität auf der Suche nach schnellen Gewinnen.

Die Due-Diligence sollte unter anderem eine lange Liste von Vermögenswerten produziert haben, die das Unternehmen nicht wirklich benötigt, die sogar das Geschäft nur stören. Das können selten benutzte Firmenflugzeuge sein, Hubschrauber, Firmen-Apartments, ausgedehnte Gartenanlagen etc. – diese Dinge werden am besten schnell verkauft.

Doch auch außerhalb des Unternehmens gibt es Möglichkeiten zu sparen und dabei sogar noch die Zusammenarbeit mit den Lieferanten zu verbessern. Diese zweifache Chance im Beschaffungsbereich sollte auf keinen Fall unterschätzt werden. Die detaillierte professionelle Untersuchung der Beschaffung begründet einen Business Case und ermöglicht es dem Unternehmen – besonders nach einer Fusion –, etwa zehn Prozent der Beschaffungskosten einzusparen, wenn nicht noch mehr.

Strategische Beschaffung ermöglicht die Nutzung von Effizienzsynergien ohne Entlassungen

Material, Teile, Komponenten, Systeme, Dienstleistungen können bis zu 80 Prozent der Ausgaben eines Unternehmens ausmachen, je nachdem wie stark es vertikal integriert ist. Deshalb sollte strategisches Beschaffungsmanagement als wichtige Quelle zur Steigerung des Unternehmenswertes erkannt werden. Durch Zusammenlegung von zwei Beschaffungsfunktionen nach einer Fusion wird dieses Potenzial gehoben und trägt zur Wertsteigerung bei.

Die Quelle dieses Potenzials liegt einmal in der Konsolidierung von direktem und indirektem Material. Das konsolidierte Volumen ist damit ein sehr starker Synergiehebel. Ferner liegen noch Verbesserungseffekte in der Straffung und Zusammenanlegung der beiden Beschaffungsfunktionen.

Die Fusion von zwei europäischen Energieversorgern hat erhebliches Potenzial allein durch die Integration der zwei Einkaufsfunktionen ermöglicht. Ca. 60 Millionen US-Dollar, das sind etwa zwölf Prozent der Beschaffungskosten wurden tatsächlich eingespart. Dieser Erfolg ist dem deutlichen Engagement des Vorstandsvorsitzenden zu verdanken, der Unterstützung des Aufsichtsrats, einem funktionsübergreifenden Lernprozess, einer Überarbeitung der Standards und einer Neuverhandlung langfristiger Verträge.

Das Reengineering des Beschaffungsprozesses im Zuge einer Fusion umfasst zwei wichtige Aktionsfelder:

- die Aufwertung der Beschaffung zu einem strategischen Wettbewerbsvorteil durch die Nutzung des Innovationspotenzials der Lieferanten, durch Restrukturierung und durch den Aufbau eines Weltklasse-Lieferanten-Pools;

- die organisatorische Veränderung von Beschaffungssilos zu hochkarätigen, übergreifenden Teams mit erfahrenen Managern, die sowohl Einsparungen realisieren als auch sonstige aggressive Ziel erfolgreich verwirklichen.

Aus einer Fusion von vier Bauunternehmen ging ein globales Unternehmen hervor, das 2,5 Milliarden US-Dollar auf fünf Kontinenten umsetzt. Die globale Integration der Beschaffung führte zu einer strategischen Geschäftseinheit Beschaffung, die eine Dienstleistungsfunktion im Unternehmen

> wahrnahm. Schon nach kurzer Zeit wurden bei den wichtigsten Beschaffungskategorien mit globaler Lieferbasis zehn bis 15 Prozent eingespart.
>
> Um Vorteile dieser Art zu realisieren, empfehlen wir, dass Sie:
> - ohne Zögern Veränderungen in der Beschaffung angehen,
> - eine neue Beschaffungsorganisation mit klaren Verantwortlichkeiten etablieren,
> - klare Ziele definieren und entscheiden, wie und in welchem Zeitraum die konkrete Zielerreichung gemessen werden soll,
> - den „Status-quo" infrage stellen, der in der Regel lange Entscheidungswege beinhaltet,
> - vermeiden, sich nur auf Kurzfristziele zu konzentrieren,
> - sorgfältig festlegen, welche IT-Anforderungen bestehen,
> - genügend Personal zur Verfügung stellen,
> - Schritte festlegen, um eine Weltklasse-Beschaffungsorganisation zu erreichen.

Schnelle Gewinne sind per definitionem nichts, auf das man lange warten kann und will. In der Informationstechnologie kann man sehr schwer wirklich schnell etwas erreichen. Meistens sind die Systeme nach einer Fusion so inkompatibel wie die beiden Kulturen. Wer da Eile vorlegt, muss damit rechnen, dass unbefriedigende Zwischenlösungen entstehen oder Kompromisse, die den Namen nicht verdienen.

Wenn es bei einer Fusion wirklich Gewinne gibt, werden sie in der Regel nicht schnell vorliegen. Das Beispiel Wells Fargo/First Interstate Bank zeigt, dass ein schnelles IT-Projekt kontraproduktiv sein kann: Der Kundenservice wird schlechter statt nachhaltig verbessert.

Diese Art Problem ist nicht ausschließlich an die IT-Integration gebunden. Es kann auch in anderen Bereichen passieren, dass zwei komplexe Systeme integriert werden müssen, die erfolgskritisch sind. Das ist zum Beispiel im Fall von zwei Eisenbahnnetzwerken, Union Pacific und Southern Pacific Rail Corp., passiert. Beide Gesellschaften fusionierten 1996 zur größten Eisenbahngesellschaft der USA. Das Management hatte die besten Absichten, als es vorschlug, dass neben Kostensenkungen auch Verbesserungen im Kundenservice geplant waren:

> ### Union Pacific und Southern Pacific Rail Corp.
>
> Union Pacific versprach sich Einsparungen in Höhe von 500 Millionen US-Dollar und einen verbesserten Kundenservice, als es 1996 mit der Southern Pacific Rail Corp. fusionierte, um gemeinsam das größte Bahnunternehmen der USA zu bilden. Größe, Streckenabdeckung und Kosten sind vor allem in einer Branche wichtig, in der nicht nur andere Bahnunternehmen, sondern auch Speditionen und Reedereien Konkurrenten sind.
>
> Doch das neue Unternehmen unterschätzte den Einfluss der Speditionen auf Southern Pacifics Wettbewerbssituation. Southern Pacifics Verluste und die im Vergleich zu Speditionen hohe Ineffizenz zeigten, dass Optimierungen – trotz guter Absichten – nur langfristig zu erreichen sind. Die Integration der beiden IT-Systeme, die als Schlüssel für den Erfolg des Mergers betrachtet wurde, dauerte über zwei Jahre.
>
> Die kurzfristigen Auswirkungen dagegen waren schon nach kurzer Zeit deutlich zu sehen – und sie waren alles andere als positiv. Das neue Unternehmen konnte das gestiegene Frachtvolumen nicht bewältigen. Mehrere tausend Container konnten nicht versandt werden, weil keine Güterwagen verfügbar waren. Zwischen 1996 und 1998 ging der Umsatz insgesamt um sieben Prozent und der Absatz um neun Prozent zurück, während das Betriebsergebnis um 74 Prozent fiel.
>
> 1999 will Union Pacific die Integration von Southern Pacific endgültig abschließen. Seit Sommer 1998 ist der Aktienpreis zwar um mehr als 30 Prozent gestiegen, doch sein Wert liegt nur unwesentlich über dem Ausgangsniveau vom September 1996 – als der Merger bekanntgegeben wurde.
>
> Union Pacific finden Sie unter www.uprr.com im Internet.

Es muss also schnell gehen. Wie bei dem Thema „Führung" kommt es auch hier darauf an, rasch positive Ergebnisse präsentieren zu können. Fusionen können nicht warten.

Wenn nichts passiert, gerät das neue Unternehmen ins Schwimmen. Das Beispiel BMW/Rover zeigt, wie wenig erreicht wird, wenn kein ausdrücklicher Wert auf Schnelligkeit und „early wins" gelegt wird. Der deutsche Luxus-Automobilhersteller wollte im Automobilmarkt expandieren und gab 2,1 Milliarden US-Dollar aus, um 80 Prozent von Rover – bis dahin im Besitz von British Aerospace – zu erwerben.

BMW und Rover

Mit dem Kauf von Rover wollte BMW 1994 den Geländewagenmarkt erschließen und sein „Low-end"-Segment erweitern. Von Anfang an stand dabei fest, dass Rover eine unabhängige Einheit bleiben sollte, die ihren britischen Charakter beibehält. Doch die bloße Angst vor größeren Veränderungen löste im Rover-Management einen Disput aus. Nachdem George Simpson – der die Verhandlungen initiiert und durchgeführt hatte – das Unternehmen kurz vor dem Abschluss des Geschäfts verlassen hatte, wurde John Towers vom Geschäftsführer zum Chairman ernannt.

Durch seine Ernennung – die bewies, dass Rover britisch und unabhängig bleiben würde – erreichte BMW eine größere Unterstützung der britischen Mitarbeiter. Doch die Entscheidung erwies sich im nachhinein als „Trojanisches Pferd" – obwohl sie die Definition für „early wins" erfüllte.

Towers war der einzige Rover-Manager, der sich gegen die Akquisition ausgesprochen hatte. Änderung vollzogen sich nur langsam, doch Towers blieb bis 1996 im Amt. Ende 1998 beeinträchtigte Rover – aufgrund von Verzögerungen bei der Restrukturierung und einer unvorteilhaften Kursentwicklung des britischen Pfundes – BMWs Profitabilität deutlich und wurde Anfang 2000 schließlich an eine britische Investorengruppe verkauft. Während der „Rover-Krise" haben fünf BMW-Vorstände, darunter auch der damalige BMW-Vorsitzende und heutige designierte Chef von Volkswagen, Bernd Pischetsrieder, ihre Posten verlassen.

BMW finden Sie unter www.bmw.com im Internet.

Die Fälle Union Pacific und BMW zeigen, dass die guten Absichten und der Fokus auf langfristige Ziele nicht unbedingt zum Erfolg und schon gar nicht zu schnellen Gewinnen führen. Es bringt auch nicht automatisch etwas, wenn Sie sich von Entlassungen fernhalten, nur um Good-Will bei den Beteiligten zu erzielen.

Wissen und intellektuelles Kapital sollten nicht vernachlässigt werden, wenn es um „early wins" geht. Wer das Wissen des Partners schnell in ein neues Unternehmen integrieren kann – wie der französische Automobilzulieferer Valeo –, der kann auch profitables Wachstum erzielen:

Valeo SA

Der Fahrzeugkomponentenhersteller Valeo SA ist ein Beispiel für ein Unternehmen, das in der Post-Merger-Integrationsphase starken Wert auf Wissenstransfer und schnelle Integration von F&E legt. Wie Cisco Systems steht auch Valeo unter dem Druck, ständig innovative Produkte auf den Markt zu bringen und sich kontinuierlich vom Wettbewerb zu differenzieren.

Valeos Erfolg bei der Integration neuer Unternehmen und ihrer Produkte ist auf die enge Zusammenarbeit der F&E-Ingenieure zurückzuführen, die sich regelmäßig treffen, um Informationen und Fachwissen über verschiedene Produktgruppen auszutauschen. Aufgrund dieser Praxis und der Fähigkeit, den Integrationsprozess schnell voranzutreiben, konnte Valeo in den letzten fünf Jahren viele Unternehmen in sein Portfolio aufnehmen. Greifbare Ergebnisse sind beispielsweise modulübergreifende elektronische und Kupplungssysteme, die in Zusammenarbeit von Kupplungs- und Friktionsabteilung entwickelt wurden.

Da sich das Unternehmen ausschließlich auf Fahrzeuge konzentriert, hat es zwei Hauptkundengruppen: 1) große Original Equipment Manufacturers (OEMs), die ähnlichen Fragen, wie Innovation, ständige Kostenreduzierung, Globalisierung und dem Übergang von Einzelkomponenten auf integrierte Systeme, ausgesetzt sind – auch wenn sich die Anzahl derartiger OEMs aufgrund der aktuellen Konsolidierungswelle ständig verringert –, und 2) ein breites Spektrum von After-Market-Kunden, einschließlich Händler und Dienstleister.

Zwischen 1993 und 1998 stieg Valeos Umsatz um 95 Prozent und sein Nettoertrag um 141 Prozent. Die Gruppe umfasst heute 156 Produktionsstätten und 53 Forschungseinrichtungen in 25 Ländern.

🖥 Valeo finden Sie unter www.valeo.com im Internet.

Wenn Sie nun meinen, nur herstellende Unternehmen seien Wissensindustrien, dann täuschen Sie sich. Cisco Systems arbeitet in einer archetypischen Wissensindustrie. Durch Akquisitionen erhält sich das Unternehmen seinen technischen Vorsprung und seine 80 Prozent Anteil im Markt für Internet-Server. Einiges von der Erfahrung und Expertise, die Cisco zu brauchen meint, dürften bei interner Entwicklung erheblich mehr Aufwand verursacht haben, als er bei den Fusionen entstanden ist. Die schnelle Integration der Wissensressourcen hat deshalb nicht nur nach der Fusion eine hohe Priorität. Diese Ressourcen zu kontrollieren war vielmehr von Anfang an der Beweggrund für die Fusion.

Bemühen Sie sich um greifbare und nachhaltige Ergebnisse

Der komplizierteste Fall der Aufgabe, schnelle Gewinne zu realisieren, hängt mit dessen Umfang zusammen. Wenn Sie einen zu großen Brocken anzielen, kann das schiefgehen, weil es einfach zu lange dauert. Wenn die Erfolge, die erzielt werden, zu klein und unbedeutend sind, erhält der Außenstehende leicht den Eindruck, dass das Integrationsteam sich um Kleinkram kümmert und das große Ganze aus den Augen verloren hat. Grundsätzlich ist es aber kein Problem, wenn Unternehmen sich um schnelle und möglichst auch aufmerksamkeitserregende Gewinne in Bereichen bemüht, die offensichtlich eine schnelle Gewinnmitnahme ermöglichen. Es ist immer günstiger, als konservativ und wenig experimentierfreudig verschrien zu sein, denn als jemand, der sich zuviel zutraut.

Im Kontext dieses Buches ist es unmöglich, noch klarere Vorgehensregeln zu „early wins" abzuleiten. Zuviel hängt von der Situation, den Umständen der Fusion etc. ab. Auf jeden Fall muss ein schneller Gewinn mindestens zwei Kriterien erfüllen:

- Es müssen wirklich greifbare Ergebnisse vorliegen. Mit weiteren Planungen und Ankündigungen ist es nicht getan.
- Die Ergebnisse müssen klar erkennbar sein und für jedermann verständlich.

Dabei können heilige Kühe geschlachtet werden, alte Zöpfe abgeschnitten, und die Ergebnisse dürfen überraschen.

Informationen sammeln durch Zuhören und Fragen

Wie bei vielen anderen Regeln, die in diesem Buch zur Diskussion stehen, ist es auch hier ein Problem, dass sich die Dinge nicht von selbst erledigen. Es muss aktiv gehandelt werden, und zwar schnell.

Es gibt sehr einfache Möglichkeiten, Informationen zu sammeln und herauszufinden, was die einzelnen Interessengruppen von der Fusion erwarten, inhaltlich, hinsichtlich des Zeitrahmens und des Umfangs. Die einfachste Methode ist, die Beteiligten direkt zu fragen. Wir denken da an das Beispiel von Roger Penske und die Cafeteria in der Fabrik von Detroit Diesel. Mit dem Gefühl zu wissen, wo das Problem der schlechten Produktivität lag, ging er sofort an die Wurzel des Übels und sammelte selbst Informationen. Sie müssen dazu nicht unbedingt persönliche Interviews machen. In vielen Fällen wäre das auch ganz unmöglich, zum Beispiel bei einem Mega-Deal wie der Fusion von Daimler-Benz und Chrysler.

Es ist jedoch möglich, selektive Interviews durchzuführen, zum Beispiel per E-Mail oder Telefoninterview. Man kann fragen, wie die Mitarbeiter bestimmte Ziele verwirklicht sehen möchten, man kann fragen, welche drei Schritte das Management sofort angehen sollte. Auch mithilfe von Multiple-choice-Fragen zum Ankreuzen kann man sich bei genügend Antworten ein Bild von den Vorstellungen der Belegschaft machen.

Der Prozess selbst dreht sich um drei Schlüsselelemente, die notwendig für die Akzeptanz der abgeleiteten Maßnahmen sind: Information, Einbeziehung und Kommunikation.

Jeder Kontakt zwischen dem Management und den anderen Beteiligten ist eine Gelegenheit, noch mehr Informationen zu geben – entsprechend den jeweiligen Bedürfnissen. Der Dialog gibt den Beteiligten endlich das Gefühl, auch wirklich involviert zu sein. Sie merken, dass sie die Fusion kommentieren oder gar kritisieren dürfen und dass sie damit am Fortschritt der Integrationsarbeit beteiligt sind. Zufriedenstellende Ergebnisse in Richtung der gegebenen Antworten und Kommentare verstärken die Akzeptanz der Mitarbeiter oder Lieferanten. An dieser Stelle zeigt sich, dass die Einbeziehung der verschiedenen Interessengruppen kein Lippenbekenntnis war.

Gutes tun und darüber reden – aber nicht übertreiben

Ein roter Faden durch den gesamten Integrationsprozess ist die Ausbalancierung zwischen Orientierung, Akzeptanz und dem Management der Erwartungen. Das gilt ganz besonders für die „early wins".

Selbst wenn das ganze Unternehmen analysiert ist, die Due-Diligence abgewickelt und auch ein schneller Gewinn erzielt wurde, ist die Arbeit nicht beendet. Der schnelle Gewinn muss nun an die große Glocke gehängt werden. So viele Medien wie möglich sollten zum Einsatz kommen. Lesen Sie mehr dazu im Teil „Kommunikation".

Wichtig ist auf jeden Fall, die Kommunikation sorgfältig vorzubereiten und der Öffentlichkeit nur die Erfüllung einer vollständigen Aufgabe mitzuteilen. Das Risiko, missverstanden zu werden, steigt, wenn nur verkündet wird, dass ein Plan besteht, dies oder jenes zu tun. Das ist nicht konkret genug. Der Mitarbeiter, Lieferant oder Kunde muss das Gefühl haben, dass etwas geschieht.

Die neue Spielregel für schnelle Gewinne ist einfach: Handeln, Ergebnisse erzielen und darüber reden.

Die Möglichkeiten, schnell eine Aktivität mit positiven Ergebnissen anzustoßen, sind ungezählt. Deshalb wäre es gut, wenn schon nach 30 Tagen das erste positive Ergebnis als schneller Gewinn vorläge. Dazu gehören gesunder Menschenverstand, ein kritisches Urteilsvermögen und Mut zum Handeln.

Was Sie tun müssen – eine Checkliste

- **Denken Sie an die Due-Diligence.** Eine strategische Due-Diligence gibt Ihnen die notwendigen Informationen für „early wins" an die Hand.

- **Wählen Sie Bereiche für „early wins" danach aus, was die Beteiligten benötigen.** Schnelle Gewinne sind nur dann wirkungsvoll, wenn sie den Bedürfnissen der betroffenen Menschen entsprechen.

- **Suchen Sie im Unternehmen, aber auch außerhalb des Unternehmens nach Chancen.** In der Supply Chain ist viel Potential versteckt, dessen Hebung großen Einfluss auf das neue Unternehmen haben kann, ohne dass größere interne Veränderungen notwendig wären.

- **Konzentrieren Sie sich auf den Verkauf nicht benötigter Vermögenswerte,** auf die Kundenbeziehung und auf Intellectual Capital. Hier sind problemlos schnelle Effekte zu erzielen.

- **Versuchen Sie, Kostensenkungsansätze so schnell und so oft wie möglich anzugehen,** aber verkaufen Sie gerade diese Ergebnisse nicht als „early wins".

- **Sammeln Sie Informationen durch Fragen und Zuhören.** Damit beteiligen Sie alle Interessengruppen – Mitarbeiter, Kunden, Lieferanten etc. – an der Integration.

- **Sprechen Sie unmittelbar nach Beendigung einer Aufgabe offen** und öffentlich darüber, aber ohne zu übertreiben.

Spielregel 5: Kulturelle Unterschiede
Kommen Sie „weichen" Themen mit „harten" Maßnahmen bei!

IN KÜRZE:

Kulturelle Unterschiede sind der am häufigsten genannte Grund für das Scheitern von Fusionen, sowohl vor als auch nach dem Abschluss. Trotzdem wird Kultur als Überbegriff oft dann verwendet, wenn es darum geht, Verhaltensweisen, Ziele, Eigeninteressen etc. zum Thema zu machen, kurz: Dinge, die Menschen in vielen Fällen eher ungern zur Sprache bringen.

Kulturelle Integration ist natürlich für den Erfolg einer Fusion von entscheidender Bedeutung. Sie kann als definierter Prozess gemanagt werden, denn auch Kultur hat – anders als vielfach angenommen – durchaus strukturelle Elemente.

In unserer Studie haben wir hierzu einen Punkt festgehalten, der beleuchtet, warum so viele Fusionen scheitern und warum den kulturellen Unterschieden die Schuld gegeben wird.

Fakt: In der Regel zwingt der Stärkere den Schwächeren seine Kultur auf, ohne zu hinterfragen, ob das der richtige Ansatz ist.

Wer das tut, mag in einigen Fällen sogar Recht haben, in anderen Fällen kann so eine Vorgehensweise den Wert, der aufgebaut werden sollte, von vornherein zerstören. Das gilt besonders dann, wenn die beiden Unternehmen völlig unterschiedliche Märkte erfolgreich bedienen. In so einem Fall ist es geraten, die bestehenden Kulturen zu ermitteln. Bei vollständiger Integration sollte eine gemeinsame Kultur aus den bisherigen Kulturen entwickelt werden, die möglichst das Beste aus zwei Welten in sich vereint.

Heute ist das erste Meeting mit den Finanzmitarbeitern des Unternehmens, das Sie kaufen wollen. Es ist auch das erste Mal, dass Sie nach Bayrisch-Schwaben kommen, und Sie meinen zu wissen, worauf Sie sich einlas-

sen. Natürlich sind die Leute dort anders als in Frankfurt, sie sind bestimmt nicht regelmäßig zum Weltwirtschaftsforum in Davos eingeladen und kennen sich vielleicht an der Börse nicht so gut aus. Gleichzeitig geht Ihnen durch den Kopf, dass Ihr Finanzchef gesagt hat, dass er keine Unterschiede sieht: „Wir kaufen hier keine Koreaner. Das Unternehmen ist im gleichen Land, da werden wir auch die gleiche Kultur haben."

Das ist genau die Frage: Wie unterschiedlich sind sie wirklich? Während Sie den Konferenzraum betreten, stutzen Sie. Die Tische sind anders aufgebaut, als Sie es gewohnt sind. Irgendwie wie in der Schule. Sehr hierarchisch. Vorne steht ein Projektor, aber kein Beamer. Was machen Sie jetzt mit Ihrer Videopräsentation?

Obwohl es fast elf Uhr ist, ist niemand im Raum. Stattdessen klingt Lärm aus dem Nebenzimmer. Als sich die Tür öffnet, sehen Sie, dass dort ein Frühstück eingenommen wird und die Teilnehmer gerade beginnen, aufzubrechen und zu Ihnen herüber zu kommen.

Anders als Sie tragen diese Herren – Frauen sind nicht anwesend – Cordhosen und Tweedsakkos, einige auch Glencheckanzüge. Sie kommen sich im dunkelblauen Zwirn reichlich deplatziert vor und wissen plötzlich nicht mehr, was der nächste Schritt ist.

Als Sie dann freundlich und in doch recht verständlichem Dialekt begrüßt werden, zwingen Sie sich, Ihre Überlegung darüber, wie das wohl jemals funktionieren soll, zu unterbrechen. Sie müssen jetzt da durch.

Das Überwinden kultureller Barrieren ist der mit den meisten Emotionen und Problemen behaftete Aspekt einer Fusion. Menschen aus unterschiedlichen Kulturen werden plötzlich zusammengewürfelt, und man erwartet von ihnen, dass sie komplexe Inhalte strategischer und operativer Art miteinander diskutieren und Lösungen finden. Die Situation wird verschlimmert durch die bestehenden Unsicherheiten: Wer bekommt welchen Job? Was wird behalten, was wird aufgegeben? Wie werden die lauthals verkündeten Kostenreduktionen realisiert?

Die Situation ist noch schwieriger, wenn verschiedene Nationalitäten zusammenkommen. Der Trend zu globalen Funktionen wurde 1998 im „Spiegel" unter der Überschrift „Welt AG" eingehend behandelt. Es geht dabei um den neuen Schmelztiegel „globaler Unternehmen", in dem Englisch als *lingua franca* alle vereint und die Bindungen an ein Mutterland praktisch nicht mehr existieren. Wenn es so weit kommen soll, müssen Unternehmen ihre Mitarbeiter in kultureller Hinsicht optimal managen und ihre Erwartungen viel stärker ins Kalkül ziehen, als das bislang der Fall war.

Kultur ist so wichtig und hat so starken Einfluss auf das Geschehen im Unternehmen, dass es einfach ist, kulturelle Unterschiede verantwortlich zu machen, wenn die Fusion nicht klappt. Diese Erklärung stimmt im Prinzip immer und kann deshalb stets angewandt werden, wenn mit der Kommunikation, den gemeinsamen Zielen, den unterschiedlichen Geschäftsmodellen oder den Einzelinteressen irgendetwas schief läuft.

Um kulturelle Themen zu behandeln, muss erst einmal definiert werden, was Kultur eigentlich ist und was die praktischen Strategien sind, die zu diesem Aspekt gehören. Ohne eine solche Klärung wird eine Fusion nur im äußersten Glücksfall ein Erfolg sein.

Was also ist Kultur?

Es gibt viele Definitionen von Kultur und ihren Auswirkungen. Soziologen, Anthropologen, Psychologen und Managementwissenschaftler haben alle ihre eigenen Definitionen, die aus ihrer jeweiligen Perspektive alle richtig sind.

Praktisch gesehen setzt sich die Kultur eines Unternehmens zusammen aus Annahmen, Überzeugungen, akzeptierten, aber ungeschriebenen Regeln für die Zusammenarbeit etc. Da diese Kultur nicht schriftlich fixiert ist, wird sie von Mitarbeiter zu Mitarbeiter weitergegeben. Wenn man die Menschen fragt, wie sie die Kultur in ihrem Unternehmen charakterisieren würden, fällt es den meisten schwer, sich zu artikulieren. Sie wissen aber genau, was ihre Kultur ausmacht, denn es fällt ihnen leicht, die Grenze zwischen „uns" und „denen" zu ziehen, wenn eine neue Kultur versucht, ins Unternehmen einzudringen.

Die Kultur einer Organisation ist extrem wichtig für die Effektivität, mit der im Unternehmen gearbeitet wird.

Jeder Mensch ist anders, jeder hat eigene Vorstellungen, Erfahrungen und Fähigkeiten. Große Unternehmen haben manchmal Dutzende von Nationalitäten und Menschen mit sehr unterschiedlichem Bildungshintergrund zu managen. Für sie alle ist Kultur eine Gemeinsamkeit, eine Sprache, die es den Menschen ermöglicht, zu kommunizieren, in Teams zusammen zu arbeiten und Probleme zu lösen. Kultur gibt die Regeln vor, nach denen auf Unsicherheit reagiert wird. Sie vermittelt ein Gefühl von Geborgenheit und bietet die Möglichkeit zur sozialen Interaktion, die jeder von uns braucht. Und sie bildet das Umfeld, in dem jeder Mensch seine legitimen Eigeninteressen verfolgen kann.

Wie entwickelt sich nun eine Unternehmenskultur? Sie wird von allen Menschen in der Organisation und besonders von der Führung beeinflusst, beginnend mit dem Gründer. Gehen Sie in den USA zu McDonald's, und Sie werden eine Bronzeplakette finden, auf der McDonald's Visionär Ray Kroc verewigt ist. Ähnliche Wirkung hat die Schale mit Äpfeln, die in jeder Niederlassung der Werbeagentur Leo Burnett auf dem Empfangstresen steht. Diese Äpfel erinnern an das erste wichtige Meeting in der während der Wirtschaftskrise gegründeten Agentur, als anstelle von Sandwiches nur ein paar Äpfel serviert wurden.

Neue Aspekte einer Kultur entwickeln sich mit jeder neuen Führungsgeneration. Angestellte und Manager folgen in der Regel dem Beispiel ihrer Vorgesetzten. Je nachdem, was diese sagen oder tun, demonstrieren sie neue Einstellungen, neue Prioritäten, neue Verhaltensregeln, die nach und nach zum Überkommenen hinzugefügt werden. Mitarbeiter werden beobachten, wie der neue Mann an der Spitze den Bedrohungen von außen begegnet, und falls er erfolgreich ist, werden sie ihn nachahmen. Sie werden darauf achten, wer erfolgreich ist und wer nicht, und werden sich in ihrem Verhalten darauf einrichten.

Auch die Art der organisatorischen Steuerung ist im Zusammenhang mit Kultur zu sehen. Das ganze Gerüst von Beurteilung, Bezahlung, Gratifikation, Beförderung, Status und Einfluss ist eigentlich nur geschaffen worden, um das für das Unternehmen akzeptable Verhalten zu fördern. Es existieren eine ganze Reihe von unausgesprochenen „Verträgen" zwischen Mitarbeitern und Unternehmen, die definieren, wie Mitarbeiter belohnt werden, wenn sie sich an die Regeln halten. Das ist zum Beispiel in Japan völlig anders als im Westen.

In Japan gibt es einen unausgesprochenen Vertrag, dass die Beschäftigung eines Mitarbeiters bei „seinem" Unternehmen lebenslänglich ist. Wenn also Menschen entlassen werden, ist das ein grober Vertrags- und Vertrauensbruch, der Menschen zum Teil schwere seelische Probleme bereitet.

Im Vergleich dazu: In den USA rechnet jeder Mitarbeiter täglich damit, dass er seinen Job – aus welchem Grund auch immer – verlieren könnte. In der Tat geschieht das auch den meisten Arbeitnehmern im Verlauf ihrer Karriere.

Die Unternehmenskultur ist natürlich eng an den Erfolg des Unternehmens gekoppelt. Jack Welch von General Electric hat zum Beispiel eine Kultur begründet, die dem Zeitgeist der 90er sehr entspricht und sein Unternehmen damit nachhaltig erfolgreich gemacht. Auch das Britische Empire, die zumindest vom geographischen Einfluss her erfolgreichste Organisation aller Zeiten, ist sicherlich in Schulen wie Eton begründet und immer wieder verstärkt worden. Die Haltung und die Verhaltensregeln, die den Jungen aus den „ersten" Familien des Landes buchstäblich eingebleut worden sind, haben es ermöglicht, Kolonien in aller Herren Länder erfolgreich zu verwalten.

Der Nachteil besonders starker Kulturen ist, dass sie zwar die Welt verändern können, aber als Resultat dieser gewandelten Welt auch ihrerseits eine Veränderung einleiten müssen. Im Falle einer starken Kultur fällt das oft sehr schwer, oder es misslingt sogar. Dieselbe Kultur, die IBM groß gemacht hat, nutzte nur noch wenig, als Mainframes die Großrechner mehr und mehr verdrängten.

In der ganzen Welt kämpfen Unternehmen mit der Anforderung, ihre Kulturen zu verändern, um den neuen Realitäten zu begegnen. Natürlich ist dies extrem schwierig durchzuführen. Unverzichtbar sind konsistente Demonstrationen von oben, damit die neuen Regeln, Vorgehensweisen und Symbole verwirklicht werden können. Die ganze kulturelle Währung muss geändert werden. Dazu muss man beharrlich sein und viel Geduld mitbringen.

Wer die Kultur falsch beeinflusst, zerstört am Ende, was er anfangs aufgebaut hat

Die Kommunikation zwischen verschiedenen Kulturen ist immer schwierig, da Kultur etwa mit einer Sprache gleichzusetzen ist: die gleiche Komplexität, Sensibilität, Missverständlichkeit und doch Eindeutigkeit ... Briten und Amerikaner sind in der Welt bekannt als „zwei Kulturen, die durch eine gemeinsame Sprache getrennt sind".

Obwohl die Worte die gleichen sind, kann ihre Bedeutung sehr unterschiedlich sein, was zu Missverständnissen, ja Konfusion führen kann.

Kultur ist jedoch so wichtig für den Unternehmenswert wie Produkte, Kunden und individuelle Fähigkeiten der Mitarbeiter. Jedes Unternehmen, das ein anderes kauft, sollte sich sehr im Klaren darüber sein, was es kulturell tun will und wie es den Unternehmenswert in diesem Bereich steigern kann. Wenn hier die falschen Aktivitäten erfolgen, kann eher Wert zerstört werden.

Deshalb scheint es immer der einfachste Weg, kulturelle Diskrepanz zu übergehen und dem neuen Unternehmen eine „bewährte" Kultur zu oktroyieren. Diese Vorgehensweise hat natürlich deutliche Schwächen und wirkt deshalb meistens kontraproduktiv. Ein Beispiel für einen solchen Fall stammt aus dem Jahre 1987. Der Versuch der regionalen Airline USAir nach dem Kauf der ebenso profitablen Linie Piedmont Airlines, das Geschäft weiter als USAir zu führen, schlug fehl, und zwar in einer Weise, die das Wort „profitabel" für beide Partner in den Folgejahren nachhaltig zum Un-Wort machte. Obwohl zur gleichen Zeit die Gesamtindustrie schrumpfte, konnte man die Schwierigkeiten von USAir nicht dem Konjunkturzyklus zuschreiben, sondern musste sie als das erkennen, was sie waren, nämlich hausgemachte Probleme:

USAir

Obwohl die kulturellen Unterschiede offensichtlich waren, als die aus Pittsburgh stammende USAir die Piedmont Airlines – eine im Süden und Osten der USA führende regionale Linienfluggesellschaft – kaufte, versuchte USAir unmittelbar nach dem Abschluss, Piedmont die eigene Kultur aufzuzwingen.

Harsche Gegenreaktionen der früheren Piedmontkunden waren neben kleineren Veränderungen im Servicebereich – wie die Einstellung der Keks- und Müsliriegel-Verteilung auf kurzen Strecken – die Folgen dieses Versuchs. Aber Unterschiede in der Kundenorientierung waren nur ein Beispiel für zahlreiche andere kulturelle Unterschiede. USAir vermittelte das selbstgefällige, bürokratische Gefühl eines führenden Unternehmens, das es nicht nötig hatte, sich auf ein verändertes Umfeld einzustellen. Piedmont dagegen war eher für unternehmerischen Geist bekannt, der eine breite Unterstützung durch die Mitarbeiter sicherstellte.

Die internen und externen Probleme stellten sich als so gravierend heraus, dass die Integration der beiden Fluggesellschaften in zwei Zahlen zusammengefasst werden kann: Innerhalb eines Jahres fiel der Aktienpreis von 54,75 auf 16,25 US-Dollar im August 1990. Zudem lag die Pünktlichkeitsrate mit 68,4 Prozent um acht Prozentpunkte unter dem Branchendurchschnitt und sogar 17 Prozentpunkte hinter dem damaligen Marktführer American Airlines. Der Verlust für die einst stabile und profitable Airline war so schwerwiegend, dass Moody ihre Kreditwürdigkeit aufgrund von Cash-flow-Problemen herabsetzte und das Unternehmen fast bankrott ging.

1995 erlangte USAir ihre Profitabilität zurück und änderte ihren Namen 1997 zu US Airways.

💻 US Airways finden Sie unter www.usairways.com im Internet.

Manchmal genügt es schon, wenn sich eine Belegschaft Sorgen darüber macht, dass die Unternehmenskultur des Käufers Einfluss auf das eigene Geschäft haben könnte. Diese Befürchtung allein kann Fusionen oder Akquisitionen zum Scheitern bringen:

Sega und Bandai

Im Januar 1997 gab der japanische Hersteller von Videospielen, Sega Enterprises Ltd., seine Absicht bekannt, für eine Milliarde US-Dollar Japans größtes Spielwarenunternehmen, Bandai Co., zu erwerben. Ziel des geplanten Deals war es, nach Walt Disney das weltweit zweitgrößte Unternehmen der Unterhaltungsbranche zu werden. Doch bereits nach drei Monaten traten Probleme auf, weil die Kulturen der beiden Unternehmen sehr unterschiedlich waren. Sega – ursprünglich ein amerikanisches Unternehmen, das die amerikanischen Besatzungstruppen in Japan belieferte – war weitaus unternehmerischer geprägt als Bandai, dessen Führungsstil eher japanisch war. Mehr als 80 Prozent des mittleren Bandai-Managements fürchteten deshalb um ihre Anstellung und waren besorgt, dass Bandai seine eigene Unternehmensidentität verlieren würde.

Ende Mai wurde die Fusion gestoppt, und Bandai bemerkte, dass keine Synergien zwischen den beiden Unternehmen zu finden waren. Ende Juni hatten Bandais CEO, sechs andere Führungskräfte und zwei Rechnungsprüfer das Unternehmen verlassen.

💻 Sega finden Sie unter www.sega.com oder unter www.sega.co.jp im Internet.

💻 Bandai finden Sie unter www.bandai.com im Internet.

Wie im Fall Sega und Bandai wird Kultur oft als Euphemismus benutzt, wenn man eigentlich „politische Spielchen" und „Eigeninteressen" meint. Wahrscheinlich ist GlaxoWellcome/SmithKline Beecham (1998) das spektakulärste Beispiel für enorme Wertvernichtung durch eine gescheiterte Fusion, bei der zwei große Egos aufeinander prallten.

GlaxoWellcome und SmithKline Beecham

Die Fusion unter Gleichen zwischen GlaxoWellcome und SmithKline Beecham wurde von Analysten als fast perfekter Fit beurteilt. Aufgrund von zwei starken, aber komplementären Produktpaletten wäre durch den Merger das größte Pharmazieunternehmen mit Chancen für extrem hohe Kostensynergien im Wert von 1,5 Milliarden US-Dollar und einem Forschungsbudget von drei Milliarden Dollar pro Jahr entstanden.

Dennoch drohte der Deal innerhalb eines Monats zu scheitern. SmithKline Beecham beschuldigte GlaxoWellcome, Vereinbarungen zu brechen, und betonte unvereinbare Unterschiede in der Sichtweise des Mergers, der Management-Philosophie und der Unternehmenskultur.

Der springende Punkt für den Konflikt war – wie sich zeigte – die Diskussion darüber, wer welche Position im neuen Vorstand einnehmen sollte. Ursprünglich war vereinbart, dass GlaxoWellcome drei von den fünf Sitzen erhalten würde und SmithKline Beecham zwei – ein Verhältnis, das auf der Basis des relativen Börsenwerts entschieden wurde. Am Tag der Bekanntgabe des Scheiterns fielen beide Aktienkurse um zusammengenommen 21 Milliarden US-Dollar. Im Dezember 2000 schließlich einigten sich beide Firmen auf eine Fusion zu GlaxoSmithKline Services plc. Wie sich herausstellte, behielt SmithKline die Oberhand: Drei von vier Top-Management-Positionen wurden von SmithKline Beecham gestellt.

💻 GlaxoSmithKline finden Sie unter www.gsk.com im Internet.

Die Sache richtig anpacken: drei Basisoptionen

Es gibt viele Strategien für die Beschäftigung mit kulturellen Fragen nach einer Fusion. Deshalb ist es sehr wichtig, hier sorgfältig auszuwählen, denn die Konsequenzen einer falschen Vorgehensweise können fatal sein. Ganz sicher ist allerdings, dass eine Vorgehensweise auf jeden Fall falsch ist, und das ist die Bagatellisierung des Problems.

Eine von den drei denkbaren Basisstrategien muss gewählt werden, nicht alle sind jedoch gleichermaßen empfehlenswert. Da wäre zunächst das Oktroyieren einer bestehenden starken Kultur, dann das Erhalten von zwei weitgehend separaten Kulturen, und zuletzt besteht die Möglichkeit, eine integrierte Kultur mit den besten Elementen der zwei Vorgänger-Kulturen zu entwickeln. Was die richtige Vorgehensrichtung ist, hängt sehr stark davon ab, was die Gründe für die Transaktion waren, wie groß und wie stark die jeweiligen Geschäfte sind.

Aufzwingen einer fremden Kultur

Dass Unternehmenskulturen dem schwächeren Partner aufgezwungen werden, ist fast die Norm. Auch wenn diese Vorgehensweise Wert zerstören kann, gibt es eine Reihe von guten Gründen, trotzdem so zu handeln.

3M ist ein erfolgreiches Unternehmen mit einer sehr starken Kultur, die durch zahlreiche Akquisitionen beeinflusst wurde. Die eigentliche Stärke von 3M ist aber das Innovationsvermögen. Es ist immer stärker geworden, je mehr kleine Unternehmen mit großen Ideen der Muttergesellschaft hinzugefügt wurden.

Auch wenn es im Fall des IT-Dienstleisters Electronic Data Systems (EDS) nicht um Fusionen geht, so doch um Integration. Der IT-Spezialist übernimmt per Outsourcing die gesamte EDV- oder IT-Infrastruktur eines Unternehmens und führt sie als externer Dienstleister in eigener Regie kostengünstiger und effektiver als das eigentliche Unternehmen weiter.

Dieses Konzept hat EDS erfunden. Es lebt unter anderem davon, dass EDS es schafft, seine Kultur in der übernommenen Infrastruktur sehr schnell an die übernommenen Mitarbeiter weiterzugeben. Diese neue Kultur passt gut zu den Wünschen und Vorstellungen der IT-Mitarbeiter und auch zu ihren persönlichen Wachstumschancen – besser jedenfalls als die selten sehr IT-zentrierte Kultur des bisherigen Unternehmens:

> **Electronic Data Systems (EDS)**
>
> Seit der Gründung 1962 hat sich EDS zu einem Unternehmen mit mehr als 100 000 Mitarbeitern entwickelt. Ungefähr ein Drittel von ihnen stammen aus über 400 „Outsourcing-Aktionen" in verschiedenen Branchen, die vom Gesundheitswesen bis zur Raumfahrt reichen. In Europa kommt mehr als 70 Prozent des Geschäfts aus anderen Unternehmen.
>
> Menschen mit unterschiedlichem Background in einem einzigen kulturellen Modell zusammenzufügen ist eine der Kernkompetenzen von EDS. Sobald ein Outsourcing-Geschäft unterschrieben ist, tritt ein bewährter Übergangsprozess in Aktion: Erfahrene „EDSler" übernehmen Führungsrollen. Führende Personalspezialisten werden eingesetzt, um jedem Mitarbeiter die neuen Prozesse und Arbeitsbedingungen zu erklären. Zudem erfahren alle Mitarbeiter, wie die Integration vor sich gehen wird, was von ihnen erwartet wird und welche Vorteile es hat, zu EDS zu gehören. Alle, die bisher in EDS integriert wurden, werden dazu ermutigt, ihre Ängste und Sorgen auszusprechen und zu diskutieren. Kommunikation, Umschulungen und Unterstützungsprogramme stehen zur Verfügung, und jeder Mitarbeiter erhält Hilfestellungen, um eigene Entscheidungen bezüglich seiner Zukunft in der neuen Organisation zu fällen.
>
> Fünf Jahre nach dem Zusammenschluss sind in der Regel 70 Prozent der integrierten Mitarbeiter in den USA immer noch bei EDS.
>
> 💻 EDS finden Sie unter www.eds.com im Internet.

Wer diese Beispiele durchdenkt, erkennt die Erfolgsfaktoren: Es muss gute Gründe geben, die neue Kultur einfach zu verordnen, und die neue Kultur muss besser zum Geschäft passen als die alte. Die Einführung muss schnell gehen und erschöpfend sein, damit keine Fragen offen bleiben. Die Nutzeffekte müssen kommuniziert werden, und die Menschen müssen Unterstützung erhalten, wenn sie Schwierigkeiten mit der Anpassung haben. Wer nicht mitmachen will oder kann, bekommt in aller Fairness die Möglichkeit, das Unternehmen zu verlassen.

Zulassen, dass zwei separate Kulturen weiterexistieren

Eine Kultur, die in einem Markt erfolgreich ist, wird in einem anderen Umfeld möglicherweise nicht funktionieren. Wenn eine Fusion also zwei Unternehmen mit sehr unterschiedlichem Fokus zusammenlegt, heißt das nicht, dass diese vollständig integriert werden sollten. Zumindest ihre Kultur kann und soll getrennt bleiben.

Das war der Hintergrund für das Vorgehen von Softbank, dem japanischem Softwarehändler, der den US-Verlag Ziff Davis gekauft hat. Softbank ist eigentlich mehr als ein Händler. Das Unternehmen repräsentiert eine ganze Bewegung mit der Vision „der wichtigste Lieferant von Infrastruktur für PC-Hersteller zu werden". Das erklärt auch die Motivation zum Kauf von Ziff Davis, der den US-Markt für PC-Zeitschriften dominiert. Der in Korea geborene, charismatische Softbank-Chef Masayoshi Son ging folgendermaßen vor:

Softbank und Ziff-Davis

Masayoshi Sons Ruf, Geschäfte auf amerikanische Art abzuschließen, half ihm, amerikanische Partner zu gewinnen. Doch Son sieht sich selbst als einen Menschen, der weder typisch japanisch, noch amerikanisch, noch koreanisch ist. Er führt seinen Unternehmergeist auf seine Erziehung in den USA zurück und sagt, dass sie ihm fundiertes Wissen über die amerikanische Kultur vermittelt hat.

Als er 1995 Ziff Davis akquirierte, war es für einen japanischen Konzern etwas völlig Neues, einen großen amerikanischen Verlag zu besitzen. Die Frage, die sich sofort stellte, war, ob die japanischen Verlagspraktiken – im Rahmen derer bestimmte Unternehmen häufig bevorzugt behandelt werden – auf das US-Geschäft eines japanischen Verlagshauses übertragbar sein würden oder nicht. Man befürchtete, dass der Verleger seine Reporter unter dem Druck der japanischen Muttergesellschaft dazu zwingen könnte, große Aussteller auf seinen eigenen Messen bevorzugt zu behandeln.

Son sah keinen Grund, das Management oder die Abläufe des akquirierten Geschäfts zu ändern. Ziff Davis' Redakteure bemerkten außerdem, dass sie ihre redaktionelle Verantwortung beibehalten konnten.

Im Geschäftsjahr 1998/99 erzielte Softbank einen konsolidierten Umsatz von 4,4 Milliarden US-Dollar.

🖳 Softbank finden Sie unter www.softbank.com im Internet.

🖳 Ziff-Davis finden Sie unter www.zd.com im Internet.

Wer es verschiedenen Unternehmenskulturen überlässt, separat zu arbeiten, wirft die Frage auf, was denn der Wert einer solchen Akquisition sein kann. Schließlich wird der Kommunikationsfluss behindert, und Synergien, so sehr man sie infrage stellen kann, werden völlig unmöglich.

Eine Variation der oben beschriebenen Vorgehensweise ist es, Unternehmen zu erlauben, sich Zeit zu nehmen aufeinanderzuzugehen. Während dieser Ansatz weniger traumatisch und risikoreich ist als stärkere Interventionen, ist der Prozess für Außenstehende langsam, und sein Ausgang ist unsicher, von Synergien gar nicht zu reden.

Eine integrierte Kultur schaffen

Möglicherweise die schwierigste, aber auch die im Endeffekt erfolgreichste Vorgehensweise ist es, kulturelle Barrieren durch Integration beider Kulturen zu entfernen.

Trotz der späteren Übernahme der Chrysler-Führung durch den Daimler-Manager Dieter Zetsche liegt der tiefere Sinn der Fusion von Daimler-Benz und Chrysler in einer wirklichen Integration beider Unternehmen. Obwohl beide Firmen historisch sehr unterschiedlich gewachsen sind und obwohl sie unterschiedliche Märkte bedienen, verschiedene Entlohnungssysteme einsetzen und an andere Leitbilder glauben, ist es notwendig, dass sie zu einem Unternehmen werden, denn anders sind die Synergien, die dem Konzernlenker Jürgen Schrempp vorschweben, nicht zu realisieren. Auch Lerneffekte des einen Unternehmens vom anderen sind ohne die vollständige Fusion nur schwer zu verwirklichen.

Das Erwähnen des Risikos der kulturellen Implosion kam für DaimlerChrysler nicht so überraschend, allein schon deshalb, weil Daimler-Benz eine gründliche Analyse des Erfolgsfaktors Kultur gefahren hatte, noch bevor die Verhandlungen mit Chrysler zu einem Ende kamen.

Daimler, Chrysler und Mitsubishi

Daimler und Chrysler hatten naturgemäß ein großes Interesse, die Fusion beider Unternehmen erfolgreich durchzuführen. In dem Bewusstsein, dass ein Großteil der Fusionen in der Vergangenheit gescheitert ist, führte Daimler eine Studie zur Untersuchung großer, grenzüberschreitender Merger und Joint Ventures durch, berechnete die Misserfolgsrate und suchte nach Gründen für das Scheitern. Die Studie ergab, dass mehr als 70 Prozent der untersuchten Fusionen innerhalb von drei Jahren missglücken. In einer detaillierteren Analyse von 50 gescheiterten Mergern zeigte sich immer wieder, dass kulturelle Konflikte das grundlegende Problem sind. Das DaimlerChrysler-PMI-Projekt gründete sich deshalb auf eine Liste mit ca. einem Dutzend Aufgaben, die aus einer Liste von fast 100 möglichen Schwierigkeiten bei einer Post-Merger-Integration abgeleitet wurden. Auf Basis dieser Erkenntnisse treibt DaimlerChrysler die kulturelle Integration beider Seiten aktiv voran. Das Unternehmen thematisiert Unterschiede, statt zu hoffen, dass sie sich von selbst erledigen. Bei einer Fusion können nicht alle Beteiligten zufrieden gestellt werden.

Bei der Übernahme eines Mehrheitsanteiles von Mitsubishi Motors Anfang 2000 ging DaimlerChrysler entsprechend behutsam vor. Um das japanische Unternehmen nicht zu brüskieren und somit jegliche Zusammenarbeit in der Zukunft zu gefährden, wurden lediglich drei von zehn Mitgliedern des Management-Boards durch DaimlerChrysler einberufen. Selbst nach einer schweren Vertuschungskrise von Mitsubishi, die das Unternehmen nachhaltig gefährdete, wurde lediglich ein neuer Vize-Chef aus Deutschland eingesetzt. Die notwendigen harten Restrukturierungsmaßnahmen des neuen Managers werden seither tatkräftig von japanischer Seite unterstützt.

- DaimlerChrysler finden Sie unter www.daimlerchrysler.com im Internet.
- Mitsubishi finden Sie unter www.mitsubishi.com im Internet.

Einer der Haupterfolgsfaktoren, der eine Fusion zum Erfolg führt, ist die schnelle Einsetzung des neuen Management-Teams. Was auch immer die Differenzen zwischen den Teammitgliedern sein mögen, sie müssen sich nach außen geschlossen präsentieren und ein Exempel statuieren. Auch wenn das Management-Team aus beiden Unternehmen rekrutiert werden muss, so sollte doch immer der beste Mann für die jeweilige Stelle gewählt werden. Weiterhin muss die Top-level-Organisation so ausgewählt werden, dass das geplante kulturelle Modell auch tatsächlich in die Tat umgesetzt werden kann.

Wenn das Top-Team erst einmal etabliert ist, ist es wichtig, Kommunikationskanäle zwischen den beiden Kulturen einzuziehen. Dazu gehören Paten in der jeweiligen Partnerorganisation, gemeinsame Task-forces, Zusammenlegung von offenen Organisationseinheiten an einem Ort, Partys oder Sportveranstaltungen. Gegenseitiger Respekt muss außerdem unbedingt begründet werden, damit überhaupt verständlich wird, was das Positive und Annehmenswerte an der Kultur des Partners sein könnte. Auf diese Weise wird keine Kultur mutwillig zerstört, sondern beide Teile geben etwas von ihrer Kultur an das neue Unternehmen ab.

Kulturelle Integration kann nur erfolgreich ablaufen, wenn man beide Kulturen offen und ehrlich auf Herz und Nieren prüft. Auf diese Weise erkennt man schnell, in welchen Bereichen die kulturelle Integration reibungslos verlaufen wird, wo Friktionen auftreten könnten und auch wo schon große Gemeinsamkeiten bestehen. Solche Stärken ermöglichen es der neuen Organisation, Kraft zu entwickeln und den Weg nach vorne in Angriff zu nehmen. Eine Erfolgsgeschichte, in der schon andere Fusionen zu einem guten Ende geführt wurden, hilft bei der aktuellen Fusion. Unsere Studie hat gezeigt, dass drei Viertel der erfolgreichsten Unternehmenskäufer drei oder mehr Transaktionen in fünf Jahren durchgeführt haben.

In die Fusion der Ölmultis British Petroleum und Amoco bringt BP seine Integrationserfahrung ein, und auch Amoco ist auf diesem Sektor kein Neuling mehr: In den 80er-Jahren wurde zum Beispiel Dome Petroleum, ein kanadisches Unternehmen, integriert.

BP Amoco

BP Chief Executive Sir John Browne und sein Stellvertreter Rodney Chase waren Ende 1998 davon überzeugt, dass BP und Amoco eine ähnliche Unternehmenskultur besitzen und geeignete Partner für eine vielversprechende Fusion seien. Browne selbst gilt als ausgewiesener Fusionsexperte. Als Vorstandsmitglied konnte er bei Daimler-Benz die akribische Vorbereitung der Fusion mit Chrysler verfolgen, und als Aufsichtsrat von SmithKline Beecham erfuhr er, wie ein Merger noch vor seinem Beginn scheitern kann, wenn man kulturelle Fragen außer Acht lässt.

Aus diesem Grund wurde eine mögliche Fusion der Firmen Mobil und BP ausgeschlossen. Frühere Verhandlungen der Vorstände von BP und Mobil hatten gezeigt, dass die beiden Unternehmenskulturen nicht harmonierten. Da sich

> beide Seiten nicht auf eine für alle akzeptable Vereinbarung einigen konnten, wurde die Idee schließlich verworfen. Für eine – aus kultureller Sicht handhabbare – Integration mit Amoco hingegen sprach, dass BP auf Amocos Märkten und in der Integration eines amerikanischen Unternehmens beträchtliche Erfahrung sammeln konnte: BP hatte den Aufbau einer Alaska-Pipeline unterstützt sowie 1987 das amerikanische Unternehmen Standard Oil of Ohio akquiriert.
>
> Im Frühling 1999 gab es jedoch erste Meldungen, dass BP immer stärker versuchte, Amoco seine Kultur aufzuzwingen. Diese Situation wurde zusätzlich dadurch erschwert, dass BP Amoco im März 1999 entschieden hat, Atlantic Richfield (Arco) für ca. 25 Milliarden US-Dollar zu erwerben und das Management seither in mehrfacher Hinsicht mit aufwendigen Integrationsaufgaben befasst ist.
>
> 🖥 BP Amoco finden Sie unter www.bpamoco.com im Internet.

Eine immer wiederkehrende Thematik erfolgreicher Fusionierer ist die Notwendigkeit, die kulturellen Lücken zu verstehen, die beide Unternehmen möglicherweise trennen, und danach zu handeln. Das bedeutet im Zweifelsfall, dass auf eine Transaktion verzichtet wird.

Eine kulturelle Bestandsaufnahme ist nötig

Das Erfassen und Dokumentieren einer Kultur ist schwierig, selbst dann, wenn man selbst jahrelang ein Teil der Kultur war. Auf jeden Fall sollte so etwas am Anfang der Verhandlungen versucht und später – nach dem Abschluss – vertieft werden (vgl. Abbildung 7).

Eine ehrliche und gründliche Aufnahme wird es ermöglichen, die Interaktionen zwischen beiden Partnern bzw. zwischen ihren Mitarbeitern zu verstärken, weil nicht nur klar wird, wo Lücken sind, sondern auch, wo Gemeinsamkeiten bestehen. Nächster Schritt ist das Schaffen einer neuen kulturellen Währung, auf deren Basis die neue Kultur wachsen und gedeihen kann. Der Name der neuen Organisation ist ein wichtiges Symbol der neuen Kultur. Natürlich reichen der Name und das Logo alleine nicht aus, um Tausende von Beschäftigten für das neue Unternehmen zu begeistern, wenn sie wenige Wochen vorher noch Erzrivalen ihrer jetzigen Kollegen waren. Auf jeden Fall wird beides aber helfen, ein Signal zu setzen, das ausstrahlt: Hier sind wir! Hier ist unser neues Unternehmen!

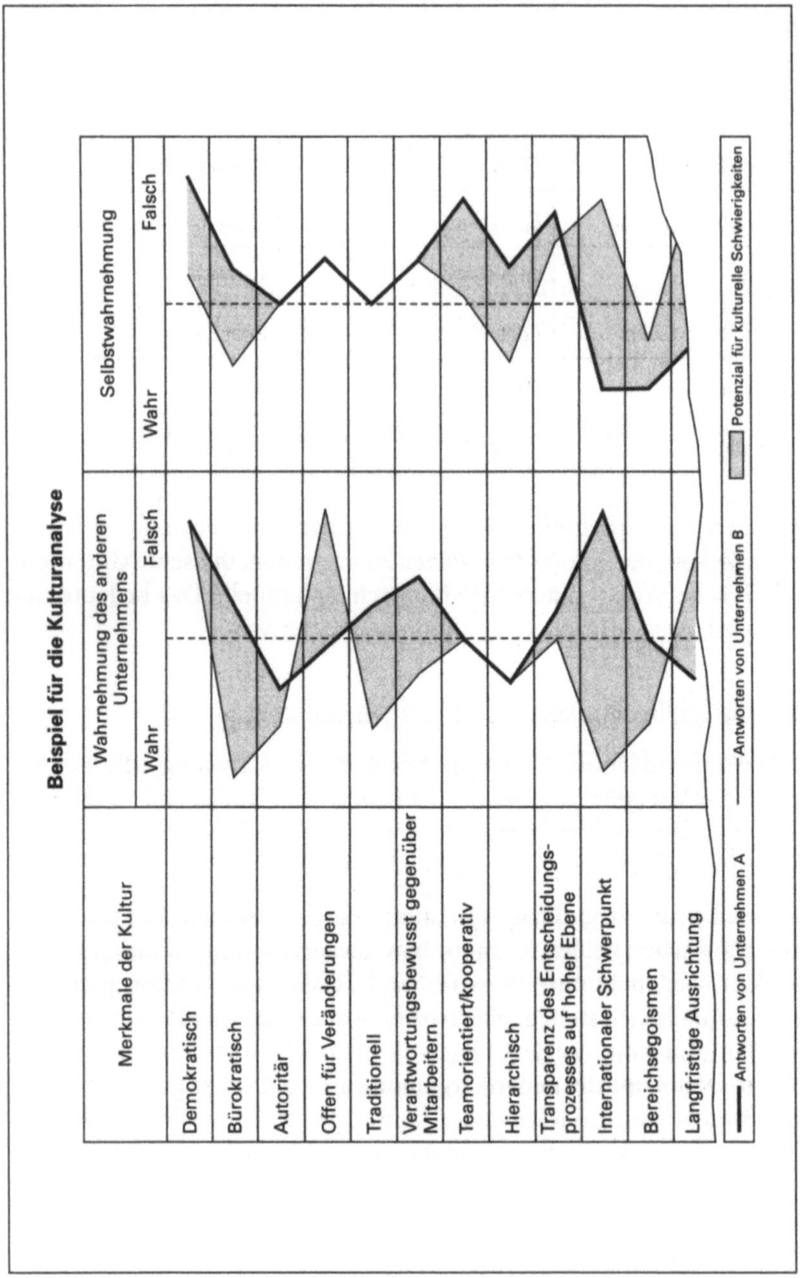

Abbildung 7: Identifikation von kulturellen Unterschieden

Unternehmen 1	Unternehmen 2	Name des neuen Unternehmens
Traveler's	Citicorp	Citigroup
Daimler-Benz	Chrysler	DaimlerChrysler
Grand Metropolitan	Guinness	Diageo
Hoechst	Rhône-Poulenc	Aventis
James River Corp.	Fort Howard	Fort James
Siebe plc	BTR plc	Invensys
Ciba-Geigy	Sandoz	Novartis
SmithKline Beckman	Beecham	SmithKline Beecham
Union Bank of Switzerland	Swiss Bank Corporation	United Bank of Switzerland

Abbildung 8: Ausgewählte „Mega-Merger"

So wichtig wie die Symbolik eines neuen Namens ist das Schaffen anderer Elemente der „kulturelle Währung", nämlich Human-Resources-Systeme und Leistungsmessung, die beide Unternehmen vereinen. Das alles erfordert eine konstante Kommunikation – ein Thema, das im nächsten Kapitel detailliert beschrieben wird. Unternehmen, die sich für eine Integrationskultur entschieden haben, müssen aufpassen, dass nicht einer der Partner bevorzugt oder zurückgesetzt wird. Gute Gewohnheiten dürfen bleiben, negative müssen weichen. Auf diese Weise bleibt immer einiges übrig, das vertraut ist, auch wenn vielleicht auf bestimmte Bequemlichkeiten verzichtet werden muss. Dabei ist es besonders wichtig, den Prozess geduldig zu überwachen und aufzupassen, dass keine Vollstreckermentalität aufkommt, aber auch kein Laissez-faire.

In besten Fall wird die Auswahl des neuen Namens die Vision unterstützen. In dieser Hinsicht scheint das britische Unternehmen Invensys alles richtig gemacht zu haben:

> **Invensys**
>
> Im März 1999 entschieden sich die beiden fusionierten Unternehmen Siebe plc und BTR plc, das neue Unternehmen, das durch einen Fünf-Milliarden-US-Dollar-Merger entstanden war, Invensys zu nennen und dadurch zwei Namen, die für alteingesessene englische Maschinenbauunternehmen mit gutem Ruf stehen, aus dem Gedächtnis zu tilgen. Doch der neue Name vermittelt Themen wie Innovation, Erfindergeist und Systeme und schließt dadurch gleichzeitig die Unternehmensvision ein, durch komplexe automatische Systeme für Otto-Normal-Verbraucher weltweit führend in Kontrollsystemen zu werden. Das Unternehmen steht vor der Herausforderung, zwei zum großen Teil unterschiedliche Kulturen zu integrieren. Siebe legte Wert auf Just-in-Time und flache Hierarchien, während BTR ein weitaus traditioneller geprägtes Produktionsunternehmen mit Top-Down-Management-Stil ist.
>
> Um den Namen bekannt zu machen, schaltete das Unternehmen große Anzeigen in führenden Business-Zeitschriften.
>
> 🖥 Invensys finden Sie unter www.invensys.com im Internet.

Die neue Spielregel: Das Aufzwingen einer fremden Kultur ist selten die richtige Lösung. Integrationskulturen versprechen bessere Ergebnisse.

Die Schaffung von Unternehmenswert wird maximiert, wenn aus beiden Organisationen Talent und guter Wille zusammenkommen, um die gemeinsame strategische Aufgabe zu lösen. Dabei ist es wichtig, dass man zu einem Wir-Gefühl gelangt und Korpsgeist entwickelt.

Was Sie tun müssen – eine Checkliste

- **Entwickeln Sie vor dem Abschluss eine Strategie für die kulturelle Integration.** Entscheiden Sie, ob Sie eine der Kulturen übernehmen sollten oder letztendlich zu einer Integrationskultur kommen können.

- **Analysieren und dokumentieren Sie beide Kulturen.** Die Unterschiede zwischen beiden Kulturen werden erst im unmittelbaren Vergleich deutlich, das Gleiche gilt für kulturelle Barrieren und Missverständnisse.

- **Entscheiden Sie, welche Rolle die Kultur spielen soll.** Wenn Sie wissen, welche neue Kultur Sie wollen, definieren Sie genau, warum das so ist und wo sie im Einzelnen hinwollen.

- **Errichten Sie Brücken zwischen beiden Organisationen.** Es gibt nichts Besseres als Zusammenarbeit, wenn es darum geht, gegenseitiges Verständnis aufzubauen.

- **Schaffen Sie eine „kulturelle Währung" als Ankerplatz einer neuen Kultur.** Dazu gehört ein System von Anreizen und Sanktionen, um die neuen Normen durchzusetzen. Dabei muss das Führungsteam Vorbildfunktion übernehmen.

- **Seien Sie geduldig.** Es braucht Zeit, bis sich Menschen an eine neue kulturelle Realität gewöhnt haben.

Spielregel 6: Kommunikation
Schaffen Sie Zustimmung und Orientierung und nehmen Sie Erwartungen auf!

IN KÜRZE:

Die Integration nach einer Fusion hängt sehr stark davon ab, wie gut das Management die Beteiligten von der Vision überzeugen kann und wie gezielt es sie zum Handeln bringt. Beides ist mit Sicherheit eine Kommunikationsaufgabe. Auf den ersten Blick scheint das der einfachste Aspekt der Integrationsphase zu sein. Aber Kommunikation geschieht nicht einfach. Sie muss geplant und gesteuert werden. Dazu gehören nicht geringe Investitionen und eine Menge Engagement des Top-Managements.

Effektive Kommunikation erfordert die Erarbeitung von klaren Zielen, ihre flexible Verfolgung und ständiges Feedback zur Kontrolle der Zielerreichung. In den meisten Fusionen gelingen diese Selbstverständlichkeiten nicht so gut.

Fakt 1: Fast alle Unternehmen geben zu, dass ihre Kommunikation nicht ausreichend ist. 86 Prozent der in unserer Studie befragten Unternehmen gaben an, dass sie es nicht geschafft haben, der Kommunikation den Stellenwert zu geben, der ihr zusteht.

Fakt 2: Mangelndes Engagement ist ein störendes Hindernis in der Integrationsphase. 37 Prozent der Befragten in unserer Studie gaben an, dass sie es nicht geschafft haben, dieses Hindernis beiseite zu räumen – ganz klar ein Versagen der Kommunikation.

Sie nehmen die Fernbedienung Ihres Fernsehgeräts in die Hand und schalten einen Nachrichtenkanal ein. Gerade beginnt das Nachmittagsprogramm, und Sie lesen auf der Ticker-Zeile unten auf dem Bildschirm die letzte Meldung. Es geht um Ihre Fusion!

Tatsächlich sind Sie Thema des Tages. Ein Korrespondent erklärt die Details nahezu exakt so, wie sie in Ihrer Presseerklärung formuliert waren. Es geht um Wachstum, globale Expansion, neue Märkte. Der Aktienpreis – auch das wird erwähnt – ist am heutigen Tag bereits gestiegen, während der Wettbewerb eher die Inaktivität der Börse verspürt.

Diese Situation macht Sie stolz. Für so einen positiven Auftritt hat es sich gelohnt, monatelang Tag und Nacht zu arbeiten und den Deal unter Dach und Fach zu bekommen. Es stimmt aber auch alles: Vision, anerkanntes Management-Team, Wachstumsorientierung ...

Während Sie dem Gedanken nachhängen, ob Ihnen das nicht eine Flasche Champagner mit Ihren engsten Mitarbeitern wert sein sollte, piept Ihr Computer, weil eine dringende E-Mail eingegangen ist.

Eine Einladung! Sie sind eingeladen, die Fusion mit Arbeitnehmervertretern des gerade erworbenen Unternehmens zu diskutieren. Es geht um ein informelles Treffen, das nur Aufschluss über die Grundrichtung der Fusion geben soll und über die möglichen Folgen für die Mitarbeiter.

Sie sind schockiert. Alles wurde so gut vorbereitet, und schon zeigt sich eine Schwäche der vermeintlich lückenlosen Kommunikation. Natürlich sind die Arbeitnehmer nicht unbedingt diejenigen, die pausenlos Nachrichtenkanäle verfolgen, ihnen fehlen also die Informationen. Auf der anderen Seite: Woher wissen sie jetzt schon so genau Bescheid, dass diese E-Mail überhaupt möglich war?

Sie ahnen endlich, dass das Thema Kommunikation doch vielschichtiger ist, als Sie dachten, und Ihnen ist klar, dass nun erst die richtige, harte Kommunikationsarbeit auf Sie zukommt.

Ihr Stolz hat einen Dämpfer bekommen, und der Appetit auf Champagner ist fürs Erste auch gestillt.

Dieses Szenario macht vielen Unternehmenslenkern Angst. Der Grund ist eigentlich sehr simpel: Die meisten von ihnen glauben, dass Kommunikation „Hexenwerk" ist, auf das ein Vorstandsmitglied einfach nicht vorbereitet ist. Dazu kommt die Berührungsangst hinsichtlich der neuen Mitarbeiter, Unsicherheit, welche Fragen zu erwarten sind, das Gefühl, keine klaren Antworten parat zu haben, oder die Sorge, zu Aussagen über geplante Entlassungen gezwungen zu werden.

Diese Erwartungen sind – wie Sie sehen werden – falsch.

Dennoch ist und bleibt Kommunikation ein Top-Management-Thema, auch auf der zweiten Ebene. Wenn man betrachtet, dass die Führungsspitze eines Unternehmens die Richtung vorgeben muss, wird deutlich, dass allein schon dieser Teilaspekt der Managementaufgabe geradezu nach Kommunikation schreit. Wer die Richtung nicht kommunizieren kann, dem kann niemand folgen. Das leuchtet unmittelbar ein. Dasselbe gilt in verstärktem Maße für eine Fusion.

Was Fusionen so herausfordernd macht, ist der Ausgleich der berechtigten Interessen. Plötzlich bestehen so viele einander teilweise widersprechende Wünsche und Forderungen, dass es äußerst schwierig wird, sie alle zu managen.

Diese Komplexität erschwert das Aufstellen eines Kommunikationsplans erheblich.

Direkt nach dem Abschluss tritt zunächst einmal der Arche-Noah-Effekt auf: Von allem und jedem sind zwei „Exemplare" an Bord. Es gibt zunächst wenigstens zwei Management-Teams, zwei Lieferantenpools, zwei oder noch mehr Kundengruppen und auch zwei unterschiedlich orientierte Investorengruppen. Einige Fusionen bringen sogar zwei unterschiedlich ausgerichtete Landesregierungen mit ins Spiel. Sie sehen schon, dass Ihre Flexibilität hier einer harten Prüfung unterzogen wird.

Als zum Beispiel zwei Chemieriesen fusionierten, hat das neue Unternehmen einen umfangreichen Kommunikationsansatz vorgelegt, um den Konflikt zwischen den Betroffenen, die gerne an der Vergangenheit festhalten wollten, und dem Management, das das Neue so schnell wie möglich durchsetzen wollte, zu lösen. Es ging darum, den Mitarbeitern auf beiden Seiten nicht den Stolz auf das Vergangene zu nehmen, sondern ihn für die neuen Aufgaben zu nutzen.

In dieser Situation wurden zahlreiche Kommunikationsbeauftragte trainiert, die einerseits Probleme der Leute aufnahmen und sie beraten konnten, andererseits die neuen Botschaften sensibel weitergaben. Diese Investition zahlte sich sehr schnell aus. Zunächst zeigte die Aktion deutlich, dass das Wohlergehen der Belegschaft ein Punkt war, der dem Management nicht gleichgültig war. Erreicht wurde ein sehr intensiver Dialog, der viele wertvolle Informationen in beide Richtungen fließen ließ. Das entstandene Netzwerk funktionierte auch nach der Fusion in anderen Kommunikationssituationen weiterhin sehr gut.

Obwohl die Theorie der Kommunikation einfach ist, scheint die Praxis selten dieser Erkenntnis zu entsprechen. Die am häufigsten angeführte Barriere, die eine Integration verhindert oder verzögert, ist das „Nicht-Erreichen des Mitarbeiter-Engagements" während der Fusion. 37 Prozent der in unserer Studie Befragten sehen das so und beziehen sich damit auf die eigene Erfahrung. Das und weitere Barrieren, die in Abbildung 9 zitiert sind, sind im weitesten Sinne Themen, die nur durch Kommunikation zu beherrschen sind, um Zustimmung, Orientierung und erfüllte Erwartungen zu erzielen.

Warum schaffen Unternehmen es oft nicht, ihre erklärten Ziele in der Kommunikation zu erreichen? Es gibt viele Gründe, von denen wir einige schon ausführlich behandelt haben: Führung, Planung, ausreichende Investitionen.

Oft liegt der Misserfolg auch in der Angst vor der Verantwortung. Nur weil es eine Kommunikationsabteilung gibt, sind noch nicht alle mit Kommunikation zusammenhängenden Probleme gelöst. Niemand außer dem Management, das sich ausgiebig damit beschäftigt hat, kann davon ausgehen, dass alle anderen die Logik der neuen Lösung sofort nachvollziehen können.

Tatsache ist, dass die meisten Betroffenen und Beteiligten in ihrem Denken Monate hinterherhinken, weil ihnen bestimmte Einsichten und Erfahrungen fehlen. Dass sie in so einer Situation unsicher werden und entsprechend reagieren, darf nicht verwundern. Also brauchen sie Antworten, und die müssen von ganz oben kommen, ebenso wie die Grundmotivation, die am Ende dazu führt, dass die Leute sich fragen: „Kann ich vielleicht für mich selbst im neuen Unternehmen etwas erreichen, was vorher nicht möglich war?"

In vielen Fällen ist dem Management nicht klar, dass Nicht-Kommunikation auch eine ebenso deutliche wie negative Form der Kommunikation ist. Nur hat hier der Aussender dieser negativen Botschaft keinerlei Kontrolle darüber, wie seine nonverbale Kommunikation ankommt. Aus „ich habe nichts gehört" wird schnell „denen sind wir doch egal" und dann „ich werde nichts dafür tun, dass das neue Unternehmen erfolgreich wird".

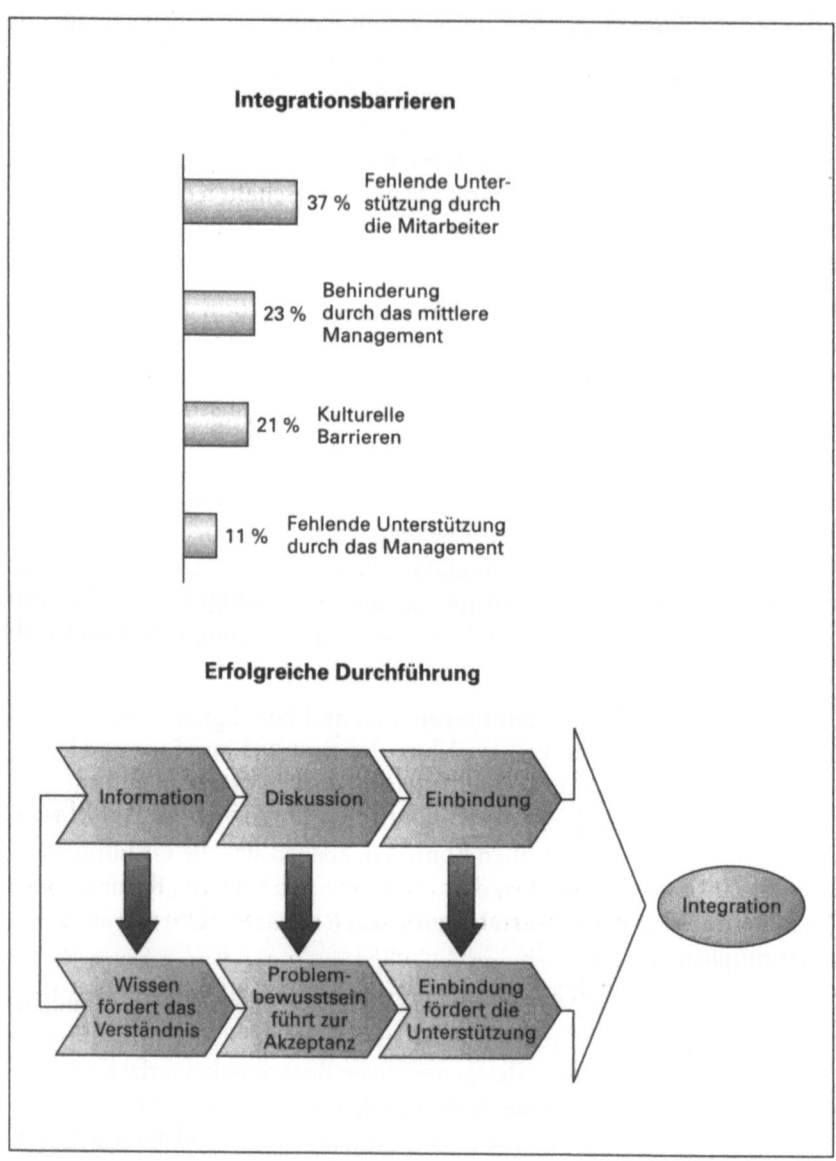

Abbildung 9: *Fehlende Unterstützung durch die Mitarbeiter ist das größte Hindernis bei einer Integration*

Informelle Kommunikation funktioniert in der Fusionssituation immer am allerbesten. Es gibt eine Menge Kommunikation, ohne dass irgendein Profi beschäftigt wird und ohne Budget. Sie arbeitet auch hervorragend.

Stündlich werden wie in einem Lauffeuer neue Informationen verbreitet. Wenn man es schafft, anstelle der negativen Botschaften ein paar positive in den informellen Kommunikationsfluss zu integrieren, dürfte die Integration schon um einiges besser laufen.

Unternehmen, die so oder anders ihre Kommunikationsziele nicht erreichen, haben vielleicht auch zu wenig investiert. Benötigt werden Kommunikationsprofis, die sich dem Problem während ihrer gesamten Arbeitszeit widmen können. Die bestehende Kommunikationsstruktur ist häufig zu stark nach außen orientiert, um die internen Herausforderungen leicht in den Griff zu bekommen. Hier haben die meisten Unternehmen gar keine andere Wahl, als sich an Profis außerhalb des Unternehmens zu wenden oder jemanden für diese Aufgabe einzustellen.

Kommunikation kann auch dann negativ ausfallen und die Fusion entsprechend ungünstig beeinflussen, wenn der richtige Rahmen und jegliche Planungen fehlen.

Neben der Kommunikation nach innen ist die Kommunikation an Analysten und Investoren ein wesentlicher Faktor für das Gelingen oder Scheitern einer Fusion. Eine vernachlässigte oder schlecht geführte externe Kommunikation kann sich demotivierend auf die eigenen Mitarbeiter auswirken und letztlich eine gute Idee zu Fall bringen.

Im Mai 2001 wurde die Dresdner Bank von ihrem Hauptaktionär, dem Münchener Versicherungskonzern Allianz, aufgekauft. Das zugrunde liegende Geschäftsmodell, die Bildung eines Allfinanz-Konzerns, wird bereits von internationalen Wettbewerbern, wie der amerikanischen Citigroup und der Credit Suisse Group, erfolgreich praktiziert. Bisher jedoch ist das Echo der Aktionäre über den Zusammenschluss verhalten. Eine offensivere Überzeugungsarbeit seitens des Allianz- und Dresdner Bank-Managements kann die Zeichen für die Fusion verbessern.

Allianz und Dresdner Bank

Im Mai 2001 wurden die Übernahmeverhandlungen des Versicherungskonzerns Allianz AG mit dem drittgrößten deutschen Geldinstitut Dresdner Bank AG erfolgreich abgeschlossen. Der 23-Milliarden-Euro-Merger verbindet beide Unternehmen zu einem bedeutenden Anbieter einer breiten Palette von Finanz- und Versicherungsdienstleistungen aus einer Hand.

Gerade vor dem Hintergrund reduzierter staatlicher Sozialleistungen und der zunehmenden Bedeutung privater Eigenvorsorge in Europa ist die Konsolidierung zu einem sogenannten „Allfinanz-Konzept" ein wichtiger Schritt. Mit der Akquisition bekommt die Allianz Zugriff auf das weit verzweigte Dresdner-Bank-Filialnetz zum Vertrieb seiner Produkte sowie auf die schlagkräftige Deutsche Investment Trust (DIT) im boomenden Asset Management-Geschäft. Nachdem es zuvor bereits zwei gescheiterte Fusionsversuche mit den Wettbewerbern Deutsche Bank und Commerzbank gegeben hat, ist die Dresdner Bank nunmehr wirksam gegen feindliche Übernahmen geschützt.

Der auf den ersten Blick vorteilhafte Zusammenschluss konnte die gesetzten Erwartungen bisher jedoch nicht gänzlich erfüllen. Bereits im Vorfeld wurde seitens der Allianz betont, es handele sich um eine Wachstumsfusion, ein Stellenabbau sei nicht geplant. Einige Investoren hingegen sind der Auffassung, dass die Positionierung im veränderten geschäftlichen Umfeld eine Restrukturierung beider Unternehmen erforderlich macht. Entsprechend werden die im Juli 2001 bekannt gegebenen prognostizierten (Vorsteuer-) Ergebnissteigerungen für die nächsten fünf Jahre von über 2,2 Milliarden Euro nicht einer höheren Effizienz, sondern dem reinen Marktwachstum zugerechnet.

Ob die kostspielige Übernahme der Dresdner Bank im Vergleich zu einer einfachen Kooperation – wie es zum Beispiel die Wettbewerber Münchener Rück mit der HypoVereinsbank gegenwärtig vollziehen – lohnenswert ist, hängt langfristig maßgeblich vom Geschick des Managements von Allianz und Dresdner Bank ab.

💻 Allianz finden Sie unter www.allianz.com im Internet.

💻 Dresdner Bank finden Sie unter www.dresdner-bank.de im Internet.

Verstehen Sie, was Ihre Zielgruppen brauchen

Die Umstände vieler Fusionen sind sehr komplex, besonders dann, wenn frühere Wettbewerber, die meistens auch die entsprechenden Feindbilder entwickelt haben, sich plötzlich zusammentun.

Es ist einfach schwierig, eine gemeinsame Strategie mit einem bisherigen „Feind" zu verfolgen. Eine ganze Generation von Managern ist mit solchen Werken erzogen worden wie „Sun Tzu: Die Kunst des Krieges" oder „Carl von Clausewitz: Vom Kriege".

Dieser Ansatz hat sich sehr häufig auch in ihren Unternehmen verbreitet. Es wäre naiv zu denken, dass sich eine solche Grundeinstellung über Nacht ändern lässt.

Rivalitäten gehen im Geschäftsleben oft sehr weit und sind meist auch mit einer tiefen Verachtung für das Produkt des Gegners, seine Qualität etc. verbunden. Wenn wir dem Wettbewerber die Qualität nicht absprechen können, dann geht es eben um die Arroganz der Konkurrenz oder ihr Sendungsbewusstsein, das uns grundsätzlich stört. Ab irgendeinem Punkt werden diese Vorurteile nicht mehr reflektiert, sondern einfach übernommen.

Wie man solche Probleme überwindet, zeigt das grob skizzierte Vorgehen in Abbildung 10 auf der folgenden Seite.

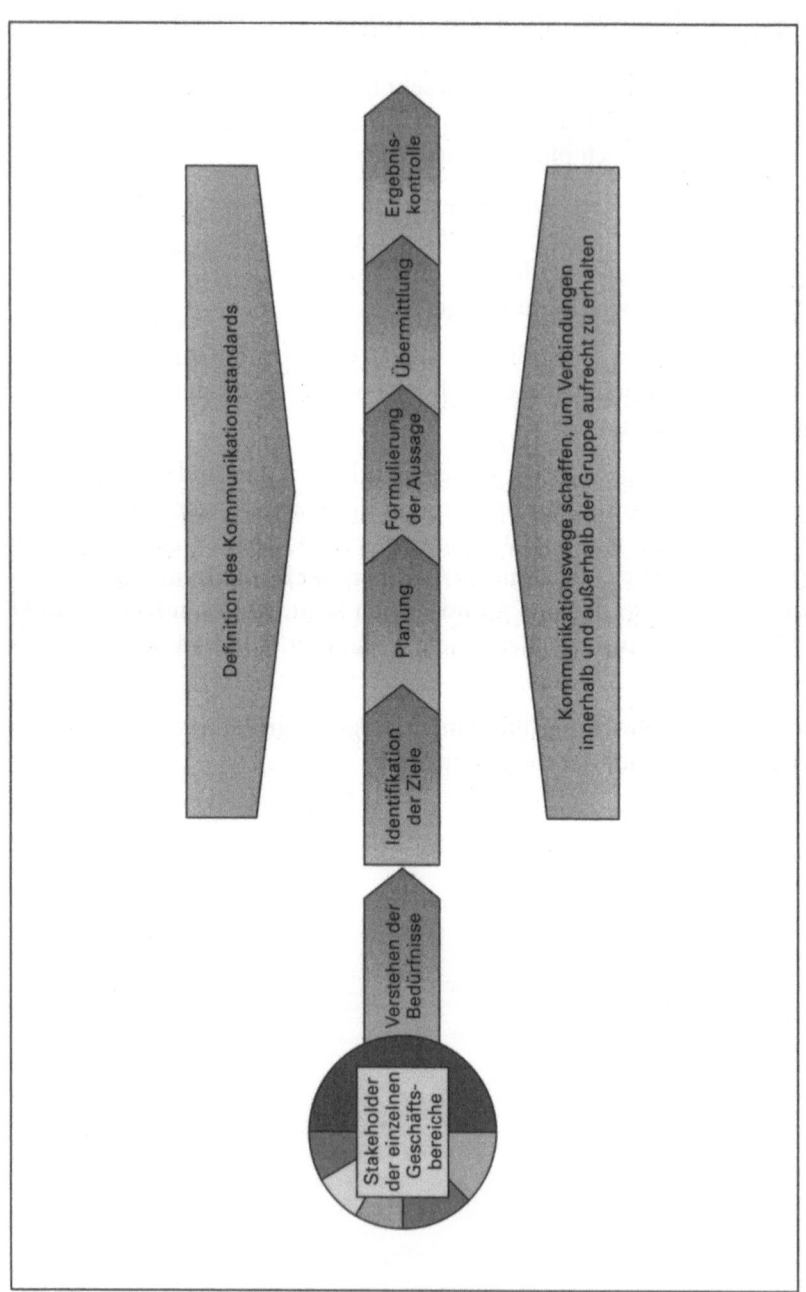

Abbildung 10: Auf den Bedürfnissen der Stakeholder beruhender Kommunikationsrahmen

Eine der Kernfragen der Mitarbeiter des erworbenen Unternehmens wird in jedem Fall sein: „Was bedeutet das für mich?" Vielleicht wird auch die konkretere Frage „Was habe ich davon?" gestellt. Das Beispiel Roche/ Boehringer Mannheim zeigt, was passiert, wenn ein Unternehmen hier nur halbherzige Antworten parat hat.

Roche/Boehringer Mannheim

Stellen zu kürzen und Werke zu schließen bedeutet eine ganz besondere Herausforderung an die Kommunikation. Um jegliche Art von Unsicherheit, die sich unter den Mitarbeitern breit machen könnte, von vornherein auszuschließen, ist es entscheidend, diese Schritte so schnell wie möglich durchzuführen – auch wenn das schlechte Nachrichten bedeuten mag. Dafür braucht man Mut und Klarheit. Doch Unsicherheit vergrößert sich – wenn man sie nicht berücksichtigt – mit jedem neuen Tag, jeder Halbwahrheit und jedem neuen, unvollständigen Informationsstück, das die Betroffenen erhalten.

Fehlende Kommunikation mit Mitarbeitern des Zielunternehmens beeinflusste auch die Akquisition der deutschen Boehringer Mannheim durch die Schweizer Pharmaziegruppe Roche. Nach der offiziellen Bekanntgabe im Mai 1997 fragten sich 18 000 Boehringer-Mitarbeiter, was die Zukunft bringen würde, und warteten auf ein entsprechendes Zeichen des Top-Managements. Fehlende Kommunikation ließ Unsicherheit schließlich in offenes Misstrauen umschlagen.

Erst im Oktober kündigte das Roche-Management an, dass es 5 000 überflüssige Stellen innerhalb des Unternehmens streichen würde. Was nicht kommuniziert wurde, war, welche Standorte betroffen sein würden. Dieser gut gemeinte Versuch verschlimmerte die Lage nur, statt sie zu verbessern, weil er die Belegschaft instinktiv das Schlimmste vermuten ließ.

Roche investierte in der Folgezeit viel Zeit und Mühe, um die Wahrnehmung der Mitarbeiter zu verändern und gegenseitiges Vertrauen aufzubauen – nicht zuletzt, weil die genannten Schwierigkeiten und ihre Effekte den Integrationsprozess in der Zwischenzeit stark verlangsamten und kompliziert machten.

🖳 Roche finden Sie unter www.roche.com im Internet.

Sie müssen sich über Ihr Kommunikationsziel im Klaren sein

Der Hauptgrund, warum Manager verstehen müssen, was Ihre Mitarbeiter, Lieferanten oder Kunden in der neuen Situation brauchen, ist die Notwendigkeit, ein Kommunikationsziel zu entwickeln, das genau bei diesem Problem ansetzt. Fernziel wird immer die Akzeptanz des Projekts sein, die sich in Zustimmung ausdrückt und später in einer positiven Handlungsweise, zum Beispiel der Mitarbeiter. Wichtig ist dabei, den Betroffenen das Thema so stressfrei wie möglich zu vermitteln, damit ihre Anspannung nachlässt, so wie es bei Anglo plc. der Fall war:

Anglo American plc.

Die weltweite Metall- und Bergbauindustrie ist traditionell von Cross-Holdings, Joint Ventures und Milliarden-Fusionen gezeichnet. Aber nur wenige erforderten so viel Feingefühl wie die geplante Fusion zwischen dem südafrikanischen Metallriesen Anglo-American und dem Luxemburger Bergbauunternehmen Minorco SA.

Der Zusammenschluss beider Unternehmen war aus makroökonomischer Sicht bedeutend für die afrikanische Wirtschaft. Anglo American plc. wurde an der Londoner Börse notiert und erfüllte gleichsam die Kriterien für die Aufnahme in den FTSE-100-Index. Die Fusion brachte ein Unternehmen hervor, welches heute über eine stark diversifizierte Produktpalette verfügt und seine Strategie auf weltweites Wachstum, insbesondere auf Bergbauaktivitäten von Kohle bis Gold, fokussiert hat.

Aus der Börsennotierung und aus der Tatsache, dass das Unternehmen nicht mehr schwerpunktmäßig in Südafrika, sondern weltweit agiert, ergaben sich besondere Anforderungen an die Kommunikation. Anglos Geschichte ist eng mit der politischen und wirtschaftlichen Situation Südafrikas in diesem Jahrhundert verknüpft. Gewerkschaftsführer befürchteten, dass die Fusionen als Streich gegen Nelson Mandelas Regierungsstil gesehen werden und als Zeichen für die Unfähigkeit Südafrikas gewertet werden könnte, seine „wirtschaftlichen Glanzlichter" im eigenen Land zu halten.

Um diese Befürchtungen schon im Vorfeld abzumildern, wurde bereits bei der Bekanntgabe des Mergers kommuniziert, dass Anglo neben neuen auch bereits vorhandene Interessen – soziale und wirtschaftliche Investitionen auf dem gesamten Kontinent – weiterverfolgen würde.

💻 Anglo American plc. finden Sie unter www.angloamerican.co.uk im Internet.

Entwickeln Sie einen allumfassenden Plan

Fusionen und Akquisitionen haben zwei fundamentale Effekte: Sie unterbrechen Beziehungen, die oft über Jahre hinweg sehr fruchtbar waren. Jetzt sieht es so aus, als gäbe es keinen Weg zurück. Andererseits bilden sich natürlich schnell neue Beziehungen, die ohne Fusion nie möglich gewesen wären. Ob sie allerdings als Chance oder als Bedrohung aufgefasst werden, hängt davon ab, wie aktiv das Unternehmen kommuniziert und wie gut es die Ressourcen einteilt.

Wer die gesamte Kommunikation in der Integrationsphase nach einer Fusion managen muss, hat eine anspruchs- und verantwortungsvolle Aufgabe, von deren Erfüllung vieles abhängt. Deshalb wird ein zentraler und jederzeit kontrollierbarer Plan benötigt. Dieser Plan muss Ziele beinhalten, Inhalte festlegen und Ressourcen zuordnen. Er muss Meilensteine enthalten, an denen Feedback eingesammelt wird oder ein Follow-up ansteht.

Das Grundgerüst eines solchen Planes wird in Abbildung 11 verdeutlicht. Man kann ablesen, bei welchen Zielgruppen das Unternehmen welches Ziel verfolgt und wie sie hinsichtlich Inhalt und Medien erreicht werden sollen. Wie wir später noch sehen werden, sind alle Elemente des Planes eng miteinander verknüpft.

Die Notwendigkeit, einen solchen Plan zu entwickeln, ist sicherlich unbestritten, die Frage ist nur, wie detailliert er sein muss, um wirklich Effekte zu haben. In der Regel werden Sie nicht umhin kommen, Woche für Woche Einzelaufgaben festzulegen.

Ein solcher Plan ist etwas mehr als eine Blaupause und sollte keinerlei Rigidität beinhalten. Permanente Auswertung der erledigten Aufgaben und des Feedbacks können ebenso wie neue Informationen dazu führen, dass die Detailpläne immer wieder angepasst werden müssen.

Manchmal ist eine Fusion so angelegt, dass es wichtig ist, die Kernbotschaft von vornherein sehr klar und sehr exakt zu formulieren. Hier geht es auf keinen Fall ohne Profis, die natürlich zu steuern und zu überwachen sind. Jede sensible Information benötigt strenge Kontrolle und eine klare Linie. Es war in diesem Zusammenhang kein Zufall, dass der englische Labour-Abgeordnete Tony Blair zum Premierminister gewählt wurde, nachdem seine Partei 13 Jahre Opposition hinter sich gebracht hatte. Die Kommunikationskampagne, die diesen Wechsel ermöglicht hat, war bis ins Detail geplant und hat gerade dadurch das Wahlkampfteam in die Lage versetzt, flexibel zu reagieren.

Zielgruppe	Ziele	Inhalt	Medium
Top-Manager beider Unternehmen	– Ehrgeiz ansprechen – Zukünftige Kommunikation aufbauen	– Ziele des Mergers – Art des Mergers – Zukünftiges Potenzial – Bonusschema – Besprechungsplan	– Regelmäßige Videokonferenzen – F&A – Gemeinsame Mittagessen – Vertrauliche Vorstandsmeetings
Projektteamleiter	– Ehrgeiz ansprechen – Verständnis der eigenen Rolle sichern	– Ziele des Mergers – Art des Mergers – Zukünftiges Potenzial – Ziele der einzelnen Teams – Kriterien für die Auswahl der Teammitglieder	– Zweitägiges Meeting unter der Leitung eines CEOs
Belegschaft	– Kenntnis der Hauptziele des Mergers sicherstellen – Konstruktive Diskussionen führen – Rahmen für die zukünftige Kommunikation abstecken	– Ziele des Mergers – Art des Mergers – Zukünftiges Potenzial – Besprechungsplan	– Regelmäßige – Videokonferenzen unter der Leitung eines Managers – F&A – Ermutigung, eine anonyme E-Mail-Adresse zu verwenden
Investoren	– Kaufempfehlungen der Analysten sichern	– Ziele des Mergers – Art des Mergers – Zukünftiges Potenzial	– Börsentest und -wahrnehmung
Etc.			

Abbildung 11: Grundgerüst eines Kommunikationsplans

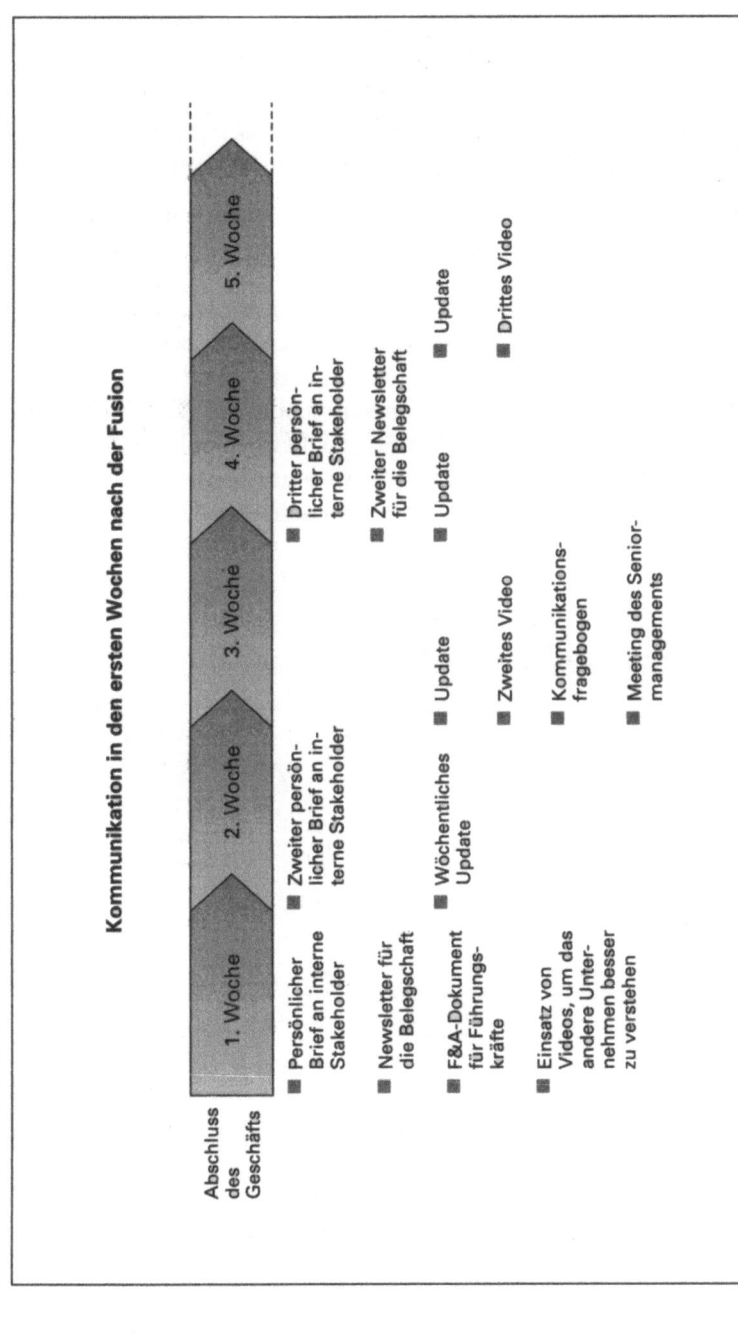

Abbildung 12: Grundgerüst für das Timing der Kommunikation

Sobald Kommunikation stattfindet, muss jedes Wort auf die Goldwaage gelegt werden. Je mehr das Kommunikationsziel auf Aktion ausgerichtet ist, desto genauer muss die Sprache sein. Sie muss ferner positive Formulierungen enthalten, sodass die positiven Inhalte auch positiv verstanden werden. Die beiden folgenden Sätze zeigen deutlich, worum es hier geht:

- „Es gibt keine Entlassungen."
- „Wir haben alle in der Zukunft wichtige Rollen zu spielen."

Beide Statements beschreiben das gleiche Szenario, aber der erste Satz tut genau das, was das Unternehmen vermeiden möchte. Er bringt das Wort „Entlassungen" in Umlauf, auch wenn die Aussage eigentlich anders ausgerichtet ist. Der zweite Satz ist positiv und vermeidet das Wort Entlassungen. Wo der erste Satz über das Ziel hinausschießt und das Risiko eingeht, später als Lüge eingestuft zu werden, ist der zweite positiv, aber so vage, dass alles offenbleibt. Zu viele Sätze dieser Art sollten auf keinen Fall verwendet werden.

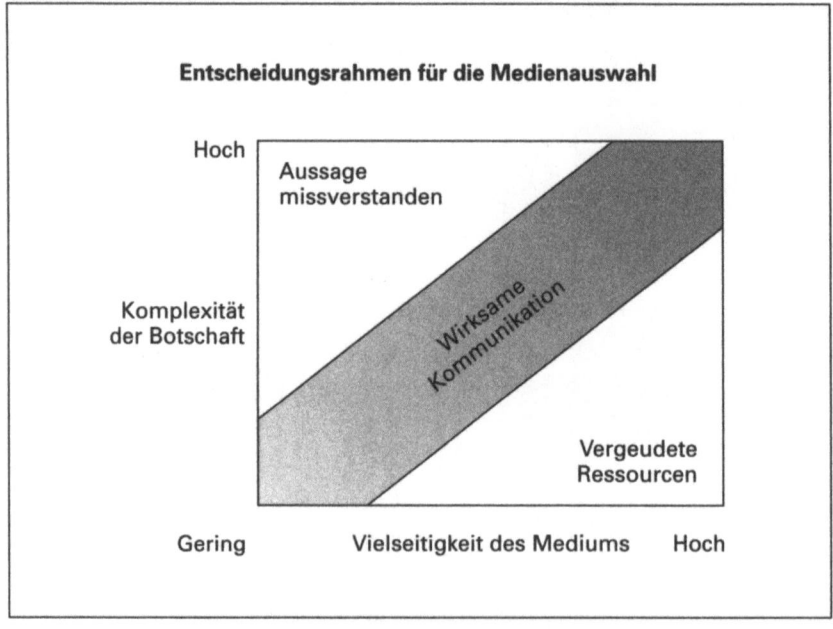

Abbildung 13: Botschaften und Medien passend auswählen

Hinsichtlich der eingesetzten Medien haben die letzten zehn Jahre die Manager stark verwirrt. Anstelle des klassischen Dreiklangs Presse, Funk und Fernsehen gibt es heute einen lauten Missklang, versehen mit vielen Fragezeichen. Das Internet ist da nur die Spitze des Eisbergs. Es gibt E-Mails, Newsletter, Videos, animierte Videopräsentationen, Road Shows, Internet-Präsentationen, Homepages, Plakate, bezahlbare Fernsehspots, Voicemails undsoweiter. Dem Überangebot ist nur durch sorgfältige Planung und mithilfe einer einfachen Matrix beizukommen.

Je komplexer also die Botschaft ist, desto mehr Möglichkeiten muss das Medium bieten. Es sollte bei hoher Komplexität eben zum Beispiel Feedback ermöglichen oder Fragen zulassen. Wenn diese Möglichkeiten nicht gegeben sind, kommt es zu Missverständnissen mit unguten Folgen.

Wie wichtig die Auswahl der geeigneten Medien ist, zeigt das Beispiel einer internationalen Aerospace-Gruppe, die zunehmend unter Druck geraten war. Intern benötigte die Organisation dringend eine Veränderung, zum Beispiel eine Erhöhung der Risikobereitschaft und der Flexibilität, um sich schneller auf Neues einstellen zu können.

Um hier verschiedene Fliegen mit einer Klappe zu schlagen, wurde eine Reihe von Veranstaltungen durchgeführt, die als Workshops aufgezogen wurden und damit sehr viel Interaktion boten, genau die Vielfältigkeit des Mediums also, das bei der bestehenden Komplexität erforderlich war. Im einzelnen schaffte es die Gruppe, folgendes Programm durchzuziehen:

- 1 000 eintägige Workshops für jeweils 20 Teilnehmer im Laufe von drei Monaten. Sie wurden von eigenen Angestellten nach einem entsprechenden Training durchgeführt.
- Vorbereites Informationsmaterial einschließlich eines Feedback-Videos, das an der Kundenfront aufgenommen wurde.
- Ständiger Dialog mit allen Mitarbeitern
- Diskussionen über das günstigste Verhalten, um positive Resultate zu erzielen

Die Top-Manager verteilten sich auf die Workshops und hörten sich die Zusammenfassungen der einzelnen Gruppen an, nahmen Fragen entgegen etc. Gekostet hat das Ganze eine Million US-Dollar, aber das Kommunikationsziel wurde erreicht: Die Dringlichkeit des Vorgehens wurde verstanden und in die Tat umgesetzt, die Mitarbeiter konnten endlich die Unternehmensziele nachvollziehen und handelten in der Folge viel stärker diesen Zielen entsprechend.

Überwachen Sie das Ergebnis der Kommunikation regelmäßig

Da Information sehr leicht in informelle Kanäle gerät und dort nicht mehr kontrollierbar bleibt, ist regelmäßiges Feedback ein Muss. Der Fall Pharmacia und Upjohn zeigt, wie wichtig Feedback sein kann, weil es hilft, die Ziele immer wieder den Gegebenheiten anzupassen und den Erfolg zu messen:

Pharmacia & Upjohn

Fred Hassan wusste, dass Kommunikation der entscheidende Faktor für den Erfolg seiner Bemühungen sein würde, die Wachstumschancen für Pharmacia & Upjohn in den Vordergrund zu stellen. Er wählte eine äußerst einflussreiche Methode, um seine Aussagen zu stützen und Feedback zu erhalten: Statt Memos zu schreiben, sich einige Kernaussagen zu überlegen und sie über vorhandene Kanäle zu verbreiten, stellte er sich einfach auf die Straße und hörte zu.

Durch diese persönlichen Treffen gelang es Hassan nicht nur, seine Meinung zu vermitteln, sondern auch Input und Feedback zu erhalten, das er bei der Ausarbeitung seiner Pläne berücksichtigte – die er bald darauf erfolgreich veröffentlichte. Sein Beispiel ist einfach und wert, nachgeahmt zu werden. Auf diese Weise erfuhr er nicht nur, wie seine Meinung von anderen gesehen wird, sondern konnte das Feedback auch in seine Pläne mit einbeziehen.

Anfang April 2000 fusionierte Pharmacia & Upjohn mit Monsanto Company. Das neue Unternehmen heißt Pharmacia Corporation.

💻 Pharmacia finden Sie unter www.pharmacia.com im Internet.

Auch unpersönliches oder indirektes Feedback ist wichtig: Ist der Aktienkurs gestiegen? Hat die Handelskammer um ein Gespräch gebeten? Haben sich mehr Leute als sonst krank gemeldet? Verhält sich das Führungsteam so, wie es sollte?

Nicht nur der Inhalt, sondern auch die Art und Weise, in der man kommuniziert, trägt zur Imagebildung bei. Diesen Effekt machen sich fusionierte Unternehmen zunutze, die völlig neue Namen angenommen haben wie Novartis, Aventis oder Invensys. Genauso wie Konsumentenmarken für etwas stehen, wie zum Beispiel für einen bestimmten Lifestyle, so stehen Firmennamen, die Markencharakter haben, für eine bestimmte Grundeinstellung des Unternehmen, ein Ziel oder eine Strategie. Alles muss zusammenpassen, wenn ein Unternehmen selbst den Markteintritt sucht und die Fusion dafür nutzt. Wenn das nicht gewährleistet ist, wird kein Wert geschaffen.

Der letzte Teil des Kommunikationsplans betrifft die Möglichkeiten des Managements, sich mit Mitarbeitern, Kunden und anderen Beteiligten auszutauschen. Dazu können verbesserte Kontakte zu Regierungsbeamten zählen, E-Mail-Austausch im gesamten neuen Unternehmen oder eine Homepage im Internet, wie sie schon viele fusionierte Unternehmen unterhalten. Meistens werden diese Homepages jedoch noch nicht so gut genutzt, wie das möglich wäre.

Versuchen Sie, Ihre Kommunikation ehrlich einzuschätzen und zu verbessern

Niemand würde die Frage stellen, ob Winston Churchill oder Ronald Reagan Kommunikatoren waren. Die Frage, ob sie das von Kindheit an waren, ist da schon weniger leicht zu beantworten. Wir meinen, dass man zur Kommunikation nicht geboren sein muss. Man kann und muss kommunizieren lernen und lernen wollen. Am wichtigsten ist, dass der gute Kommunikator wirklich an seine Vision glaubt und die Strategie zu 100 Prozent für richtig hält. Jeder Manager kann leicht testen, wie es bei ihm selbst aussieht. Stellen Sie sich einfach drei Fragen:

- Ist meine Kommunikation über die Vision immer klar, kompakt und überzeugend?
- Traue ich mir selbst zu, mit anderen Menschen ein Gespräch über unsere Vision, Strategie und die Hintergründe der Fusion anzufangen?
- Könnte ich an 100 Veranstaltungen im Jahr teilnehmen, mit allen denkbaren Interessengruppen, um die Fusion zu publizieren und die Gründe dafür zu verdeutlichen?

Wenn eine Ihrer Anworten „nein" lautet, dann sind Sie kein so guter Kommunikator, dass man der Vollendung Ihrer Fusion ruhig entgegensehen könnte. Wenn Sie gut sind, hat das erstaunliche Effekte (aufgrund Ihrer Machtbasis), wenn Sie schlecht sind, sind die negativen Wirkungen gefährlich. Sie brauchen großes Vertrauen in das Projekt, bevor Sie andere bitten können, das gleiche Vertrauen zu entwickeln.

Was Roger Penske 1988 bei Detroit Diesel gemacht hat, machte auch Außenstehenden klar, dass er in der Lage war einzuschätzen, wie er ein Unternehmen weiterbringt und wie er schnelle Gewinne realisiert. Was er zudem gut konnte, war kommunizieren.

Detroit Diesel

Als Roger Penske 300 Millionen US-Dollar für seinen zunächst 60-prozentigen Anteil an Detroit Diesel investierte, verlor er keine Zeit und kümmerte sich sofort um die Bedenken der Mitarbeiter, die Arbeitsplatzkürzungen befürchteten.

An einem Samstagnachmittag veranstaltete er in einer Sporthalle in der Nähe des Unternehmens ein Meeting mit Hunderten von Mitarbeitern. Er verbrachte den ganzen Nachmittag damit, Fragen entgegenzunehmen und zu beantworten, Sicherheit auszustrahlen und so die Angst vor Massenentlassungen nach und nach zu mildern. Weil das Meeting ein voller Erfolg war, begann er, regelmäßig Meetings mit Gewerkschaftsleitern zu veranstalten und sich auch weiterhin mit Mitarbeitern zu treffen, um ihnen die Unternehmensziele nahe zu bringen.

Die Unterstützung, die eine Folge dieser Kommunikationsstrategie war, half Penske dabei, die Disziplin innerhalb der Belegschaft zu vergrößern. Das neue Verantwortungsbewusstsein, das teilweise durch „early wins" – wie die neue Cafeteria und die Einführung der Gewinnbeteiligung – gefördert wurde, lässt sich mit harten Fakten verdeutlichen: Fehlzeiten konnten um die Hälfte reduziert werden, und die Produktivität stieg so enorm an, dass das Unternehmen seinen Marktanteil innerhalb von zwei Jahren um das Achtfache steigern konnte.

💻 Detroit Diesel finden Sie unter www.detroitdiesel.com im Internet.

Die neue Spielregel: Sie müssen die Kommunikation so planen, dass Ziele und Zeitplan stimmen, jeder Ihre Botschaft erhält und Sie Feedback bekommen.

Das bedeutet nicht, dass Sie alle Antworten parat haben müssen oder sich welche ausdenken müssen, wenn Sie keine wissen. Die Glaubwürdigkeit, die Sie sich aufgrund Ihres gezeigten Engagements erworben haben, ist wichtiger als eine eventuell schuldig gebliebene Antwort, die man später nachholen kann. Nur ein Engagement, das glaubhaft ist, hilft, die Fusion zum Erfolg zu führen.

Was Sie tun müssen – eine Checkliste

- **Machen Sie sich klar, dass die Erreichung jedes Fusionsziels etwas mit Kommunikation zu tun hat.** Sie müssen andere Menschen überzeugen, dass Ihre Vision trägt, und müssen handeln, damit Sie verwirklicht wird. Das ist eine ganz eindeutige Kommunikationsaufgabe.

- **Lernen Sie alle Kommunikationsziele kennen.** Sie sollten sich zu jeder Zeit der Kommunikationsziele bewusst sein. Kommunikation endet nie, deshalb gilt dieses „to do" immer.

- **Seien Sie flexibel.** Nutzen Sie Ihre Stärken, um so effektiv wie möglich zu kommunizieren. Nutzen Sie mehr als ein Medium, und seien Sie darauf vorbereitet, Ihr Vorgehen zu ändern, wenn neue Umstände eintreten.

- **Hören Sie zu.** Jede Methode ist recht, wenn es darum geht, die Menschen zu verstehen und herauszufinden, ob bei ihnen die Ziele der Kommunikation erreicht wurden. Wichtig sind Dialoge und die Interpretation persönlicher Verhaltensweisen der Mitarbeiter, Kunden oder Lieferanten, um zu verstehen, ob alles richtig läuft.

- **Denken Sie daran, dass Sie immer kommunizieren.** Selbst ein Nicht-Kommunizieren bedeutet zu kommunizieren, wenn auch schlecht.

- **Benutzen Sie einen Bezugsrahmen, um die Kommunikation zu managen.** Wenn Sie alle Interessengruppen verstehen, einen Plan haben und die richtigen Botschaften und Medien zusammenzubringen, sind Sie gut gerüstet für erfolgreiche Kommunikation.

- **Prüfen Sie sich selbst, ob Sie an Ihre Botschaft glauben** und ob Sie diese wirklich konsistent, mit großem Enthusiasmus und absoluter Ehrlichkeit kommunizieren.

Spielregel 7: Risikomanagement
Seien Sie proaktiv statt reaktiv!

IN KÜRZE:

Wenn Sie auch zum Thema Risiko fragen, die meisten Menschen assoziieren sofort das Verb „vermeiden". Risiko hat eine sehr negative Konnotation für viele Menschen. Man will damit nichts zu tun haben. Im Zuge einer Fusion ist Risiko nicht zu vermeiden, weil es untrennbar mit dem Wachstumspotenzial und möglichen Gewinnen verknüpft ist.

Ohne Risikomanagement anstelle von Risikovermeidung ist es unwahrscheinlich, dass die Fusion die hohen Erwartungen erfüllt. Zum Glück hat unsere Studie ergeben, dass Unternehmen das Thema Risikomanagement heute immer proaktiver und professioneller angehen.

> **Fakt 1: Risikomanagement wird von den Unternehmen tatsächlich proaktiv betrieben.** Etwa 32 Prozent der fusionierenden Unternehmen aus unserer Untersuchung setzt formelles Risikomanagement als Tool ein.
>
> **Fakt 2: Sinnvolles Risikomanagment kann zu „early wins" führen.** In einigen Unternehmen, die Risikomanagement betreiben, wurde es sogar zu einem Ausgangspunkt für schnelle Gewinne und langfristigem Wachstum.

Die Kehrseite der Medaille ist natürlich, dass zwei Drittel aller Unternehmen ihre Post-Merger-Integration ohne die Vorteile eines Risikomanagementprozesses durchführen. Das Ausmaß und die Komplexität des Risikos wachsen aber proportional zu den Chancen, die ein „Mega-Deal" bietet.

Wenn Sie heute den Deal mit Ihrem Partner abschließen, liegt damit das größte Risiko Ihrer Karriere vor Ihnen. Dabei haben Sie ein sicheres Gefühl, denn alles stimmt: klare realistische Vision, entschiedene Führung, gute Due-Diligence-Ergebnisse.

Auf Ihrem Flug zur ersten wichtigen Pressekonferenz sehen Sie sich noch einmal das Manuskript Ihrer Rede an, dann entscheiden Sie sich, eine Brainstorming-Übung zu wiederholen, die Sie zu Beginn der Fusionsverhandlungen schon einmal gemacht haben. Sie nehmen einen Schreibblock und teilen die Seiten in zwei Kolumnen. Über die eine schreiben Sie „große Chancen", über die andere – aus Mangel an Fantasie – „vorbereitet sein auf".

Als das Flugzeug zur Landung ansetzt, hören Sie auf zu schreiben. Sie sehen sich das Blatt nochmals an und haben einen kleinen Schock. Als Sie die Übung zum ersten Mal gemacht haben, war die Liste mit den Chancen doppelt so lang wie die andere, dieses Mal ist es genau umgekehrt. Die Chancen auf der einen Seite sind Dreh- und Angelpunkt der Fusion. Wenn Sie nicht zu nutzen sind, ist die Fusion sinnlos.

Kurz vor der Pressekonferenz treffen Sie Ihren Partner, der dem Vorstand des Partnerunternehmens vorsteht. Er fragt, warum Sie so ernst sind. Sie zeigen ihm die Brainstorming-Liste und zeigen ihm, was Sie vorhin so erschreckt hat. „Wenn dieser Tag vorbei ist, sollten wir sofort in die Startlöcher gehen", sagen Sie, fast schon wieder optimistisch. „Wir haben eine Menge Arbeit vor uns."

Ein wichtiges Motiv dafür, dieses Buch zu schreiben, war nicht etwa, Sie zu entmutigen, Fusionen einzugehen und Firmen zu integrieren. Genau das Gegenteil ist der Fall. Nur wer bereit ist, ein Milliardenrisiko auf sich zu nehmen, wird Wachstum erleben, Kreativität fördern und damit am Ende erheblichen Wert schaffen.

Schritte wie die Entwicklung einer Vision, die schnelle Ernennung einer Top-Management-Mannschaft, die Konzentration auf Wachstum und die Verfolgung schneller Gewinne sind alle Wege, die Erfolgschancen der Fusion zu verbessern. Der kürzeste Weg zur erfolgreichen Fusion führt über proaktives Risikomanagement, weil Risikomanagement bei Nichtbeachten aller bisher behandelten Spielregeln in der Lage ist, auch hier noch die Weichen zu stellen.

Eine Fusion, die zeigt, dass das Unternehmen Risiken eingehen muss, wenn es wachsen will, ist die Fusion von British Petroleum und Amoco. Diese Transaktion kommt der von Exxon und Mobil nahezu gleich. Historisch interessant ist diese Fusion, weil sie Teile des 1911 zerschlagenen Ölmultis Standard Oil wieder zusammenbringt.

BP Amoco

Nach der Bekanntgabe der 48 Milliarden-US-Dollar-Fusion richteten sich die geschulten Augen der Analysten und Marktbeobachter weltweit auf die geschätzten zwei Milliarden US-Dollar, die aus Synergien und Kosteneinsparungen resultieren sollen. Bei genauerer Betrachtung erkennt man die Wachstumsstrategie, in der der wahre Schlüssel zum Erfolg des Mergers liegt. Und diese Wachstumsstrategie ist unweigerlich mit Risiko verbunden.

Amoco-Präsident Bill Lowrie bemerkte zum Beispiel, dass sich sein Unternehmen in der ehemaligen Sowjetunion vor große Risiken gestellt sehe und möglicherweise nicht groß genug sei, sie zu meistern. Durch eine Fusion mit BP sei das neue, größere Unternehmen in der Lage, diese Herausforderungen zu meistern und auch andere teure und risikoreiche Projekte – zum Beispiel in Trinidad und Ägypten – einfacher zu handhaben.

BP Amoco CEO Sir John Browne entwickelte innovative Strategien für den Umgang mit finanziellen Risiken und machte sich so einen Namen innerhalb von BP. Er und sein Stellvertreter Rodney Chase fassten die Chancen für das neue Unternehmen mit folgenden Worten zusammen: „Wir können Entscheidungen – vor allem bei der Erschließung – auf einer höheren Ebene und mit größerem Selbstvertrauen fällen, weil wir mehr riskieren können."

BP Amoco finden Sie unter www.bpamoco.com im Internet.

TotalFinaElf scheint nur auf den ersten Blick das Risiko zu scheuen. Nach zwei aufeinanderfolgenden Zusammenschlüssen von Total mit PetroFina und später TotalFina mit Elf Aquitaine verordnet CEO Thierry Desmarest seinem Unternehmen Zeit zur Verarbeitung der Fusionen. Auch in der reifen Erdölindustrie, in der Marktanteile nur durch aufwendige Zukäufe gewonnen werden, müssen Unternehmen ihre Grenzen kennen und diese Auffassung auch überzeugend vor Analysten vertreten können.

> ### TotalFinaElf
>
> Mit dem Aufkauf der belgischen PetroFina im Jahr 1999 sowie der französischen Elf Aquitaine im Folgejahr durch die französische Total wurde das weltweit viertgrößte Öl- und Gasunternehmen TotalFinaElf gebildet. Im Gegensatz zu den anhaltenden Fusions- und Übernahmeaktivitäten der Wettbewerber innerhalb der Ölindustrie konzentriert sich der Vorstandsvorsitzende Thierry Desmarest nunmehr voll auf die Integration und Stabilisierung des fusionierten Unternehmens.
>
> Mit dieser Politik der „ruhigen Hand" sollen 90 Prozent der prognostizierten Synergien in Höhe von 2,35 Milliarden Euro bereits bis Ende 2002 realisiert werden. Die erzielten Synergien sowie laufende Erlöse aus einem 10-Milliarden-Euro-Desinvestitionsprogramm einzelner Geschäftsteile im Chemiesektor dienen zum Aufbau eines stattlichen Liquiditätspolsters. Ein Teil dieser Cash-Reserven wird für ein Aktienrückkauf-Programm von fünf Prozent der TotalFinaElf-Aktien verwendet, was sich positiv auf den Verschuldungsgrad auswirkt und die finanzielle Lage des Unternehmens stabilisiert.
>
> Der Empfehlung einiger Analysten, weitere Akquisitionen für eine außer-europäische Expansion in Betracht zu ziehen, begegnet Desmarest mit dem Hinweis auf weltweit sinkende Ölpreise, die weitere Übernahmen sehr riskant machen würden. Als Vorsitzender betreibt er eine strikte Ausgabendisziplin: Desmarest zieht eine Top-Position TotalFinaElfs auf den europäischen und afrikanischen Märkten einer nur mittelmäßigen Präsenz auf beiden Seiten des Atlantiks vor.
>
> 🖥 TotalFinaElf finden Sie unter www.totalfinaelf.com im Internet.

BP Amoco und TotalFinaElf sind bereit, Risiken einzugehen, anstatt sie zu vermeiden, aber der Wille allein ist noch nicht die Garantie für Wachstum und Wohlstand. Unternehmen, die fusionieren, müssen wissen, wie man eine Risikomanagement-Infrastruktur etabliert. Nur diese Struktur ermöglicht es, alle Gelegenheiten zu nutzen und keine bösen Überraschungen zu erleben.

> **Seien Sie vorbereitet auf ...**
>
> - Analysten, die ihre Fusion nicht mögen und empfehlen, Ihre Aktien zu verkaufen.
> - Probleme in der Supply Chain: Eine Tochtergesellschaft Ihres Fusionspartners tritt mit einem Ihrer wichtigsten Lieferanten in Wettbewerb.
> - Key Account Manager, die Ihr Unternehmen ohne große Ankündigung verlassen.
> - Kartelldiskussionen aus Richtung der Europäischen Kommission.
> - Umweltschäden, die eine Tochtergesellschaft Ihres Fusionspartners vor 20 Jahren verursacht hat und für die Sie jetzt haften müssen.
> - Großaktionäre, die bei der Besetzung Ihres Vorstands mitreden möchten.
> - Haftungsansprüche aus nicht abgeschlossenen Rechtsprozessen Ihres Partners.
> - patentrechtliche Schwierigkeiten.
> - ...

Der Erfolg Ihrer Fusionpläne hängt von sehr vielen Faktoren ab, darunter auch zahlreiche, die Ihnen sicherlich nicht bewusst waren, bevor Sie sich mit dem Thema der Transaktion beschäftigt haben. Sie können und müssen sich in dieser Hinsicht stark auf die strategische – und eben nicht nur finanziell ausgerichtete – Due-Diligence stützen. Dieser Prozess sollte dazu geführt haben, dass Risiken der genannten Art identifiziert und jedem im Top-Management bekannt sind.

Risiko: Nicht vermeiden, sondern managen

Die traditionelle Regel zum Thema Risikomanagement besagt, dass ein neu fusioniertes Unternehmen auf unvorhergesehene Schwierigkeiten vorbereitet sein muss. Nichts wird so verlaufen wie geplant, deshalb müssen – immer entsprechend der alten Regel – mögliche Reaktionen vorbereitet werden.

In der heutigen Welt gestaltet sich die Situation ganz anders: Der Wettbewerb ändert sich permanent weit über das hinaus, was erwartet wurde, durch unvorhersehbare Entwicklungen unterschiedlicher Natur. Wer heute fusioniert und zukünftige Wachstumschancen nutzen möchte, muss erkennen, dass die Schnelligkeit, mit der sich der Wandel vollzieht, exponentiell ansteigt. Mit Vorbereitung allein ist diesem Tempo nicht beizukommen.

Es ist ermutigend, dass unsere Studie an dieser Stelle ergeben hat, dass die Unternehmen die rapiden Veränderungen durchaus als Herausforderung wahrnehmen, aber nicht gleich nach Remedur suchen. Ebensowenig stürzen Sie sich Hals über Kopf in Abenteuer, deren Ende schwer absehbar ist. Stattdessen stellen Sie sich den Veränderungen – mit der Sicherheit des bestehenden Geschäfts im Rücken. Auf diese Weise geschieht in erfolgreichen Unternehmen das, was wir ausdrücklich empfehlen möchten: Risiken ins Auge fassen und sie in Chancen umwandeln.

Fakt 1: Risikomanagement wird von den Unternehmen tatsächlich betrieben. Wenn 32 Prozent der Unternehmen Tools oder Techniken einsetzen, die etwas mit Risikomanagement zu tun haben, so weist das auf ein wachsendes Bewusstsein hin, denn in den 80er-Jahren war Risikomanagement im Zuge einer Fusion kein Thema.

Fakt 2: Sinnvolles Risiko kann zu „early wins" führen. Das Unternehmen, das erkannt hat, dass die beste Einstellung zum Risiko ist, es proaktiv anzugehen, gewinnt entscheidende Vorteile. Je schneller dies geschieht, desto schneller können auch erste Ergebnisse verzeichnet werden. Auch Wachstum ist bei bewusster Wahrnehmung der Risiken eher möglich, als wenn man die Augen vor ihnen verschließt.

Das größte Missverständnis zum Thema Risikomanagement ist, dass es irgendetwas mit Zauberei zu tun hat und von normalen Zeitgenossen nicht verstanden werden kann. Dieses Missverständnis entbehrt jeder Grundlage. Vergessen Sie es einfach.

Effektives Risikomanagement während einer Fusion

Ohne effektives Risikomanagement	Herausforderungen	Mit effektivem Risikomanagement
■ Entscheidungen können durch die verzerrte Wahrnehmung von Systemen und Prozessen beeinflusst werden. ■ Fehlendes Verständnis für Risiken, die mit den Auswirkungen von Entscheidungsverzögerungen zusammenhängen	Entscheidungsfindung	■ Unternehmensübergreifender Input und die Unterstützung durch einen unbeteiligten Dritten sichern die Objektivität. ■ Die Hauptrisiken, die mit dem Zeitpunkt der Entscheidung zusammenhängen, werden aus prozessweiten Initiativen abgeleitet.
■ Unsicherheiten bezüglich der neuen Organisationsstrukturen lenken von den entscheidenden Fusionsaufgaben ab. ■ Aufgrund von Vorurteilen gegenüber der Quelle werden berechtigte Risiken für „Gejammer" gehalten.	Planung/ Durchführung	■ Der Risikoprozess verdeutlichet Ressourcenschwierigkeiten. Das Dringlichkeitsbewusstsein unterstützt Diskussionen und das Eingreifen von Maßnahmen. ■ Ein unbeteiligter Dritter bewertet alle Kommunikationsrisiken. Auf einem Forum können die Teilnehmer zustimmen oder ablehnen.
■ Aufgrund von unstrukturierten Updates, die sich auf Vorteile beschränken, kann Zeit verschwendet und können Risiken übersehen werden. ■ Politischer Druck kann dazu führen, dass Risiken nur zögerlich angesprochen werden.	Berichtswesen	■ Präzise, unpolitische Updates, die sich auf unternehmensübergreifende Risiken konzentrieren, lenken die Aufmerksamkeit auf die entscheidenden Fragen. ■ Die klare Festlegung von Risikoübernahme und Maßnahmenverantwortung verhindert Verwirrung.

Abbildung 14: Herausforderungen und Auswirkungen von Risikomanagement

Die Arbeit, die mit der Schaffung und Nutzung einer Risikomanagement-Infrastruktur zu tun hat, braucht Zeit, Aufmerksamkeit und den Einsatz hervorragender Personalressourcen. Hier geht es um Details und um das mühsame Herstellen einer Projektdynamik. Aber Risikomanagement ist machbar und zeigt schnell Wirkung, wie aus unserer Abbildung ersichtlich ist.

Jede Fusion ist ein Sonderfall, entsprechend speziell sind die Herausforderungen. Selbst Alltagsprobleme bekommen plötzlich erweiterte Dimensionen. Es gibt Risiken, die die Stakeholder betreffen, zum Beispiel Verlust des Vertrauens der Investoren, Verlust von wichtigen Mitarbeitern, Verlust von großen Kunden. Zudem besteht ein großes operatives Risiko, das mit der Durchführung der Fusion zu tun hat. Themen, die mit Risiken operativer Art behaftet sind, sind Informationstechnologie, Projektmanagement und die Fähigkeit, Vorgaben hinsichtlich Zeit und Ergebnis exakt einzuhalten.

Weitere Risiken wirken sich auf den Nutzen aus, den sich viele Unternehmen von der Fusion versprechen. Wird es möglich sein, die vorhandenen Marken sinnvoll zu konsolidieren oder am Markt zu repositionieren? Können Funktionen so zusammengelegt werden, dass wir effektiver und effizienter arbeiten können?

Sie haben ganz bestimmt ehrgeizige Pläne hinsichtlich bestimmter Kosteneinsparungen. Werden sie eintreten? Wird der Kundenservice während der letzten Phase der Integration aufrecht zu erhalten sein? Können wir zwei Systemlandschaften schnell und ohne Datenverluste integrieren? Auch juristisch sind Sie ein anderes Gebilde, als Sie gestern waren. Sind Sie auch darauf vorbereitet? Sind Sie auf dem neuesten Stand?

Dies sind nur Beispiele für die unendlich zahlreichen Probleme, die auf unterschiedlichsten Detailebenen aufkommen, wenn sich erstmals das ernsthafte Vorhaben einer Fusion abzeichnet. Natürlich gibt es dann sofort Projekte, die sich mit Problembereichen wie IT-Integration beschäftigen oder mit Servicekontinuität.

Projekte müssen priorisiert werden

Einfach Projekte in die Welt zu setzen bringt Sie der Lösung Ihrer Probleme nicht näher. Zunächst einmal muss eine schonungslose Bestandsaufnahme gemacht werden: Wie sieht die Situation aus? Was sind die Hindernisse?

Die Anzahl der Projekte, die in der Intergrationsphase anstehen, hängt von den Umständen der Fusion ab. Unser Beispiel zeigt, wie es in Extremfällen aussehen kann. Hunderte von Projekten sind bei Mega-Mergers nichts Besonderes:

SmithKline Beckman und Beecham

Die 16,1-Milliarden-US-Dollar-Fusion zwischen der amerikanischen SmithKline Beckman-Gruppe und der britischen Beecham-Gruppe hatte einen entscheidenden Integrationsvorteil: Das Top-Management hatte schon vorher neun Monate lang zusammengearbeitet und diese Zeit dafür verwendet, sich mit vielen technischen, finanziellen und rechtlichen Fragen auseinander zu setzen und einen gemeinsamen Geschäftsplan zu entwickeln.

Während der Post-Merger-Integrationsphase löste das neue Unternehmen eine große Anzahl von komplexen Fragestellungen auf folgende Weise: Es setzte ca. 2 500 Führungskräfte aus 60 verschiedenen Ländern in 300 Projektteams ein. Dieser radikale Ansatz brachte individuelle Unterschiede im Top-Management ans Tageslicht. Im ersten Jahr lag der Unternehmensgewinn um 112 Millionen US-Dollar unter dem Forecast.

Nachdem einige Führungskräfte das Unternehmen verlassen hatten, führte SmithKline Beecham ein umfassendes, langfristig angelegtes Change-Management-Programm durch. 1998 nahm der Gewinn pro Aktie um zehn Prozent zu, und der Umsatz stieg auf 13 Milliarden US-Dollar.

💻 GlaxoSmithKline finden Sie unter www.gsk.com im Internet.

Die Priorisierung der Projekte bedeutet, dass diese unter zwei Gesichtspunkten bewertet werden müssen. Der erste bezieht sich auf das Geschäft: Wie wichtig ist die anstehende Veränderung für unser Geschäft, und welchen Effekt erwarten wir?

Für ein Projekt, das in dieser Hinsicht nicht kritisch ist, könnte das bedeuten, dass man zunächst alles so lässt wie es ist und Veränderungen erst durchführt, wenn die wirklich kritischen Projekte abgeschlossen sind. Ein kritisches Projekt würde sich zum Beispiel mit der Erhaltung und dem Ausbau eines Wettbewerbsvorteils beschäftigen.

Neben der Relevanz für das Geschäft ist die Komplexität eines Projekts zu berücksichtigen, wenn es um Prioritätensetzung geht. Komplexität ist eine Funktion des gesammelten Know-hows sowie der entsprechenden Ressourcen auf der einen und dem Umfang der anstehenden Aufgaben auf der anderen Seite. Wenn die Komplexität gering ist, kann das Projekt mit weniger Ressourcen zu Ende geführt werden; bei hoher Komplexität muss dagegen sorgfältiger vorgegangen werden: mehr Ressourcen, schlagkräftige Teamzusammensetzung mit Mitgliedern aus allen Bereichen, noch mehr Unterstützung von oben. Auf diese Weise werden auch die anspruchsvollsten Projekte zum Erfolg.

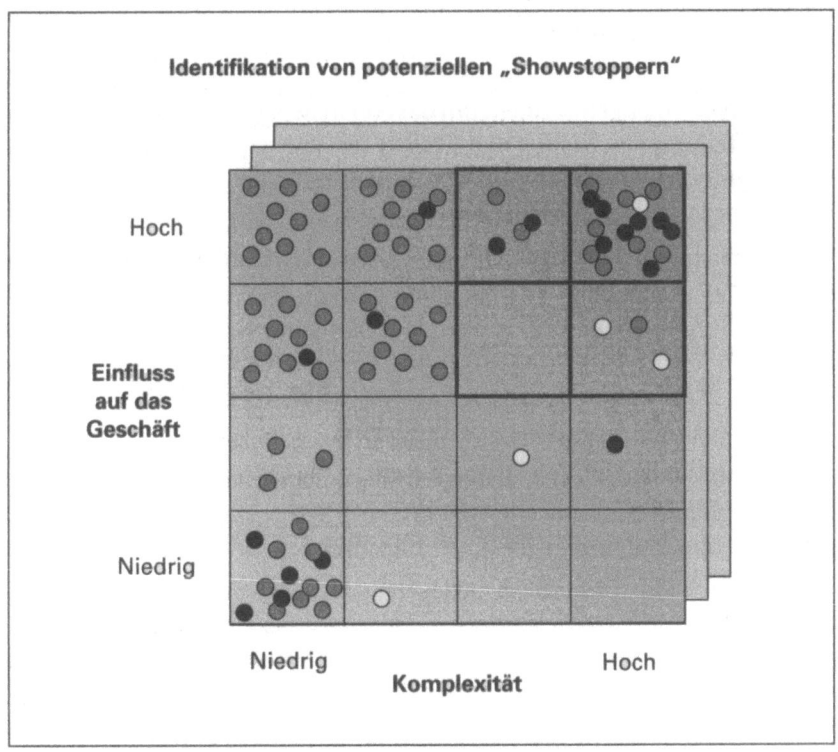

Abbildung 15: Identifikation von „Showstoppern"

Spielregel 7: Risikomanagement

Ein kritischer Schritt in der Phase der Projektvorbereitung beschäftigt sich mit der Definition der Projekte. Die eingesetzte Technologie muss von beiden Seiten verstanden werden, und zwar von Anfang an. Wenn Bestandsaufnahmen gemacht werden, bevor die Begriffe geklärt sind, sind Projekte, die darauf aufbauen, schnell zum Scheitern verurteilt.

Die Ergebnisse dieser Arbeit geben einen Überblick über die Prioritäten der gesamten Integrationsphase. Sie erkennen, was mit welcher Dringlichkeit ansteht. Der nächste Schritt ist dann, die tatsächlichen Risiken zu identifizieren.

Zunächst kritische Fragestellungen herausfinden, dann Annahmen treffen, schließlich Risiken identifizieren

Risiken findet man nicht einfach durch Brainstorming heraus, auch nicht durch Suchen oder Vergleichen mit bereits gemachten Erfahrungen. Zunächst müssen die grundlegenden Themen und Fragestellungen geklärt werden. Auch hier geht es nicht um das Aufstellen von Listen, sondern um die Feststellung der wichtigsten Treiber des jeweiligen Projekts und um die unpolitische, möglichst objektive Betrachtung der Umstände und Einflussfaktoren (vgl. Abbildung 16).

Wenn erst einmal die Fragestellungen feststehen, können Sie Annahmen dazu treffen. Auch hier ist Objektivität gefragt, ebenso Sensibilität. Viele der Annahmen, die getroffen werden, können anstehende Fragestellungen sofort lösen. Andere werden nicht so schnell zur Übereinstimmung führen, weil sie weitere Fragen aufwerfen, schwierig zu unterstützen sind und eventuell mit Emotionen zu tun haben.

Diese letzteren Annahmen, denen Zweifel anhängen, begründen die Risiken, mit denen Sie sich auseinander setzen müssen. Diese Risiken müssen, genau wie die Annahmen, die ihnen zugrunde liegen, zu Bestandteilen der Projektpläne werden:

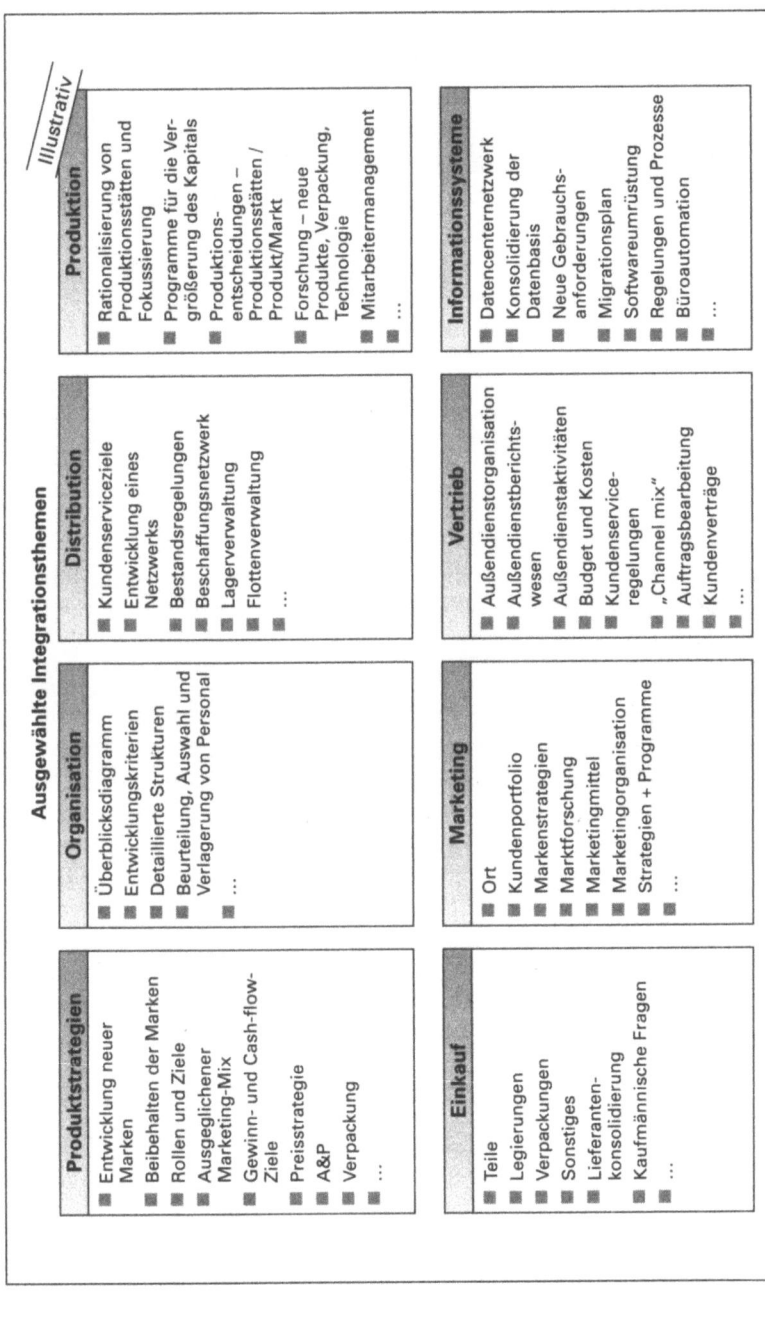

Abbildung 16: Ausgewählte PMI-Themen

Boeing und McDonnell Douglas

Auf der ganzen Welt gibt es vermutlich kein besseres Beispiel für etwas, das zwar mehrere Millionen kostet, aber zum Großteil aus Fünf-Pfennig-Teilen besteht, als ein Flugzeug. Ein 747 Jetliner zum Beispiel besteht aus ca. sechs Millionen Teilen, von denen die Hälfte nur Kleinteile wie Schrauben, Verschlüsse etc. sind.

Aufgrund dieser Tatsache kann man davon ausgehen, dass Boeing ein Meister in der Durchführung komplizierter Projekte ist. Sein Vorgehen bei der Integration des Verteidigungsgeschäfts von Rockwell International zeigte eindrucksvoll, wie schnell und effektiv eine Post-Merger-Integration vorwärts schreiten kann, wenn sie mit Feingefühl, Disziplin und guten Kommunikationsfähigkeiten durchgeführt wird.

Als Boeing sich 1997 entschied, seinen ums Überleben kämpfenden Konkurrenten McDonnell Douglas für 13,4 Milliarden US-Dollar zu erwerben, sah sich das Unternehmen mit dem Problem konfrontiert, dass die Integration von Rockwell noch nicht beendet war. Als die Akquisition schließlich abgeschlossen war, bemerkte Boeing-Chairman Phil Condit freimütig, dass das Unternehmen in den nächsten sechs Monaten ca. 5 000 Entscheidungen fällen müsse.

Viele von ihnen waren für die wirtschaftliche Überlebensfähigkeit entscheidend – darunter die Entscheidung, wo das Verteidigungs- und Aerospace-Geschäft abgewickelt werden soll, wer Führungsaufgaben übernehmen soll und welche Produktgruppen nicht mehr hergestellt werden würden.

Die unglaublich große Anzahl dieser Entscheidungen war der Hauptgrund dafür, dass Boeing 1997 876 Millionen US-Dollar für besondere Abgaben aufzuwenden hatte – was dazu führte, dass das Unternehmen in diesem Jahr einen Verlust von 178 Millionen US-Dollar ausweisen musste. Seitdem hat sich die Gewinnsituation verbessert: Der Unternehmensgewinn lag 1998 bei 1,8 Milliarden US-Dollar bei einem Umsatz von ca. 56 Milliarden US-Dollar.

Wie eine Schlange, die ihre Beute nur langsam verdaut, wird auch Boeing noch einige Zeit brauchen, bevor es McDonnell Douglas und Rockwell vollständig integriert hat und alle 210 000 Mitarbeiter an einem Strang ziehen.

🖥 Boeing finden Sie unter www.boeing.com im Internet.

Die Herausforderungen, die hier bestehen, sind sicherlich zu managen, aber nicht gerade einfach. Einerseits wollen Sie alle Fragestellungen bearbeiten, andererseits sind Sie unter Zeitdruck. Sie sollten auch Details Zeit widmen, denn oft sind es zum Beispiel die Einsparungen auf der Planungsebene, die den Einsparungserfolg in Millionenhöhe begründen. Natürlich kann man sich aber auch im Detail verlieren.

Risiken nach Dringlichkeit kategorisieren

Risiken sind unterschiedlich intensiv und haben unterschiedlichen Einfluss. Man kann sie entsprechend kategorisieren. Diese Kategorisierung muss aber – anders als bei den Projekten – eindimensional sein und für Außenstehende verständlich. Es gibt nur hohe, mittlere oder geringe Risiken.

Dringliche Risiken, das erwarten Sie schon, stehen den Projekten am stärksten im Wege. Ihre Wirkung kann zerstörerisch sein, zum Beispiel Umweltaspekte oder kartellrechtliche Hindernisse betreffen. Selbst jetzt, wo die Europäische Kommission einiges an Bürokratie über Bord wirft, bleibt hier eine große Ungewissheit.

In anderen Fällen kann das Risiko im Verlust eines sehr wichtigen Großkunden oder eines ganzen Kundensegmentes liegen. Oder das Kostenproblem ist so groß, dass keine Lösung in Sicht ist.

Aber auch Vorteile, wie z. B. zusätzliche Kapazität, können sich im Endeffekt als Risiken herausstellen, wenn ihre Integration länger dauert als erwartet. Die Fusion zwischen Southwest Airlines und Morris Air mag zwar kein „Mega-Merger" gewesen sein, aber der 134 Millionen-US-Dollar-Deal beweist, dass eine Risikoabschätzung nicht nur bei komplexen multinationalen Fusionen erforderlich ist.

> ### Southwest Airlines
>
> Im Dezember 1993 kaufte Southwest die in Utah ansässige Morris Air für 134 Millionen US-Dollar und integrierte sie schnell in seine Geschäfte. Aufbauend auf dem Ergebnis einer Pre-Merger-Due-Diligence-Analyse von Morris, die nicht nur finanzielle Aspekte, sondern auch Arbeitsbeziehungen, Buchhaltungsmethoden, Beschaffung und die Überprüfung jedes einzelnen Flugzeugs umfasste, hatte Southwest einen Plan für die Durchführung der Post-Merger-Phase entwickelt, der Integration beschleunigte.
>
> Doch Southwest konnte die großen Kapazitäten, die sich aus der Fusion ergaben, mit den vorhandenen Buchungs- und Reservierungsvereinbarungen nicht bewältigen: Nach dem Kauf von Morris stieg die Zahl der verfügbaren Plätze im zweistelligen Bereich – und das vorwiegend auf Strecken, auf denen Southwest wenig oder gar keine Erfahrung hatte. Die Probleme, die sich in der Folge innerhalb des Reservierungssystems ergaben, waren einer von vielen Gründen für den Rückgang des Aktienpreises – der im Februar 1995 zunächst um fast 50 Prozent gefallen war, bevor er den verlorenen Boden wiedererlangte.
>
> 💻 Southwest finden Sie unter www.iflyswa.com im Internet.

Mittlere Risiken besitzen zwar nicht die gleiche, möglicherweise tödliche Qualität wie dringliche Risiken, haben aber dennoch entscheidenden Einfluss auf das Geschäft. Ein mittleres Risiko könnte zum Beispiel eine große Auswirkung auf die Kosten haben, schwer zu lösen oder zu bearbeiten sein oder zu Reibungen mit bestimmten Interessengruppen wie Kunden, Investoren oder Mitarbeitern führen.

Risiken mit wenig Einfluss auf das Geschäft sind da weitaus unproblematischer. Wenn überhaupt sind ihre Auswirkungen nur auf den unteren Ebenen spürbar, ohne dass sie das Geschäft wirklich beeinflussen. Selbst im schlimmsten Fall sind ihre Auswirkungen auf die Kosten gering, die notwendigen Aufwendungen sind identifiziert und als akzeptabel bewertet worden. Derartige Risiken haben oft Einfluss auf Teilbereiche des Geschäfts, aber keinen auf den Konzern als ganzes.

Ein Aspekt von Risikomanagement ist die Integration der Informationstechnologie (IT). IT-Integration ist bei vielen Fusionen der Dreh- und Angelpunkt für das gesamte Geschäft. Mögliche Konflikte schon im Vorfeld zu identifizieren ist deshalb in diesen Fällen entscheidend.

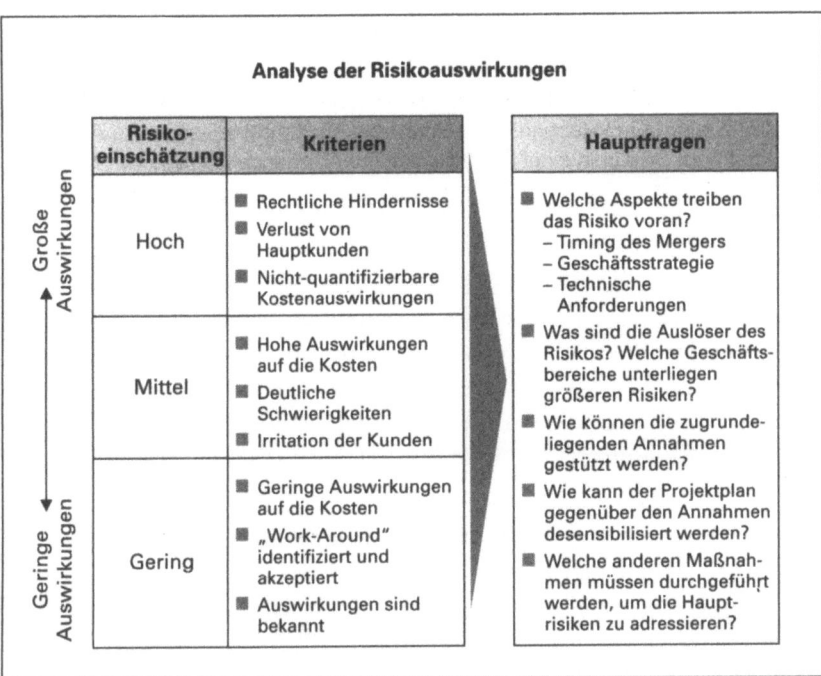

Abbildung 17: Risikoeinschätzung einer Fusion

Nehmen Sie die Risiken an und priorisieren Sie sie

Bis hier haben Sie beachtliche Fortschritte dabei erzielt, die einzelnen Puzzlestücke des Projekts zusammenzufügen. Sie und Ihr Team haben das Projekt durchdacht, die zugrunde liegenden Fragestellungen identifiziert und einige – aufgrund Ihres Wissens, Ihrer Erfahrung und der verfügbaren Fakten – aussortiert und ihnen damit den richtigen Stellenwert gegeben. Sie haben also tatsächlich einen genauen Überblick über Ihre Risiken und können darüber nachdenken, wie Sie Ihre Ressourcen am besten einsetzen können.

Sie haben systematisch weitergearbeitet und diese Risiken klassifiziert. Jetzt kommt der letzte und wichtigste Schritt auf Sie zu: Sie müssen die kritischen Risiken durchleuchten und Entscheidungen darüber treffen, ob sie sofort gelöst werden müssen oder ob ihre Priorität zurückgesetzt werden kann.

Mit Lösung meinen wir, dass Sie Maßnahmen ergreifen und die Gelegenheit nutzen, die Risiken zu eliminieren, statt einfach den Kopf in den Sand zu stecken. Proaktive Entscheidungen sind gefragt. Sie können das Projekt aber auch weniger anfällig für ein bestimmtes Risiko machen – dann werden die Auswirkungen geringer ausfallen. Auch wenn das eher Risikominimierung als direkte Auseinandersetzung damit bedeutet, muss dieser Schritt bewusst und proaktiv durchgeführt werden.

Der Prozess, der zu diesen Entscheidungen führt, ist systematisch. Sie müssen sich selbst immer wieder fragen, was der Hintergrund für die Risiken ist, mit denen Sie sich konfrontiert sehen. Sie und Ihr Team müssen genau erforschen, welche Auswirkungen das Risiko auf andere Bereiche Ihres Geschäfts hat. Und Sie müssen herausfinden, welche Informationen und welche Ressourcen Sie brauchen, um das Projekt auf sicheren Boden zu führen.

Diesen systematischen Prozess haben wir nicht aus dem Lehrbuch übernommen – er hat sich in Fusionen auf vielfältige Weise bewährt, wenn ehrliche und objektive Risikobewertungen für den Erfolg der Fusion entscheidend waren.

Jedes Unternehmen, das sich einem Mega-Merger unterzieht, ist reif für irgendeine Form von Risikomanagement-Infrastruktur. Diese Milliarden-Dollar-Deals betreffen Zehntausende von Kunden und Mitarbeitern, Tausende von Beschaffungsgruppen und individuellen Produktvarianten, die über mehr als 100 Länder verteilt sind. Vor allem Banken sind sich aufgrund der Größe und der Kompliziertheit ihrer Kundenbeziehungen, die immer im Fluss sind, der Notwendigkeit bewusst, ein geeignetes Risikomanagement durchzuführen. Ein eindrucksvolles Beispiel dafür ist die Fusion zwischen zwei führenden amerikanischen Banken: Chase Manhattan und Chemical Bank.

Diese Methode schafft Klarheit und setzt Schwerpunkte bei Fusionen, die in der Regel von Unsicherheit, Sorge, kulturellen Unterschieden und internen wie externen politischen Problemen gekennzeichnet sind. Sie unterstützt Ihre Organisation dabei, relevante Risiken und Fragestellungen in entsprechender Form zu adressieren. Zudem hilft sie Ihnen, politische Fragestellungen soweit wie möglich aus dem Fusionsprozess zu eliminieren und Objektivität zu erreichen.

> **Chase Manhattan und Chemical Bank**
>
> Als Chemical Bank und Chase Manhatten 1996 fusionierten, sahen sie sich vielen Risiken ausgesetzt: Der Merger musste schnell erfolgen, aber das Alltagsgeschäft musste gleichzeitig weitergeführt werden. Rechtzeitig gesetzte Prioritäten halfen den beiden Banken, 1 300 Einzelprojekte über einen Zeitraum von 20 Monaten zu koordinieren.
>
> Die Projektbereiche, für die ein Risiko-Management-Programm vorgesehen war – wie Human Resources –, wurden in einer Abteilung abgewickelt. Andere schwierige Aufgaben mit hoher Priorität waren die Vereinheitlichung der beiden Zahlungssysteme (aufgrund unterschiedlicher Bonus-Systeme, Zusatz- und Sozialleistungen) und das Update, die Veränderung und die Integration von IT-Systemen. In einer einzigen, unternehmensweiten Aktion installierte das Unternehmen 10 000 PCs und tauschte mehr als 1 000 Server aus.
>
> Der Erfolg von Chases Post-Merger-Integration wird auch vom Aktienkurs reflektiert, der 1999 auf 91 US-Dollar stieg (von 45 US-Dollar 1996).
>
> 💻 Chase finden Sie unter www.chase.com im Internet.

Doch der größte Vorteil dieser Methode besteht darin, dass sie Sie in die Lage versetzt, Ihren Schwerpunkt von Risikovermeidung auf proaktives Risikomanagement zu verlegen. Dadurch, dass Sie die Risiken, mit denen Ihr fusioniertes Unternehmen konfrontiert wird, minimieren oder lösen, können Sie die Wachstumschancen wesentlich besser nutzen – die Teil Ihrer Unternehmensvision und Hintergrund der Fusion sind.

Die neue Spielregel: Priorisieren Sie Ihre Projekte. Identifizieren, kategorisieren und gehen Sie Risiken an – und zwar kontinuierlich.

Hohe Umsätze und hohe Risiken sind nicht voneinander zu trennen. Wenn Sie Ihre Risiken unter Kontrolle haben, brauchen Sie sich auch um Ihre Zukunft keine Sorgen zu machen. Sobald der Deal abgeschlossen ist, befindet sich die Münze in der Luft – Erfolg oder Fehlschlag – alles ist möglich. Unsere Methodik sorgt dafür, dass Ihre Münze auf der richtigen Seite landet – auf der des Erfolgs.

Was Sie tun müssen – eine Checkliste

- **Bewerten Sie zunächst Ihre Ausgangslage** und priorisieren Sie dann Ihre Post-Merger-Integrationsprojekte nach ihrem Einfluss auf das Geschäft und nach ihrer Komplexität.

- **Bestimmen Sie die Risiken Ihres Projekts** in einer sorgfältigen Analyse der relevanten Fragestellungen und treffen Sie Annahmen bezüglich dieser Fragestellungen.

- **Kategorisieren Sie Ihre Risiken** in „hoch – mittel – niedrig", um alle „Showstoppers" zu identifizieren, die das Ende Ihrer Merger-Pläne bedeuten könnten.

- **Gehen Sie überwindbare Risiken rigoros an** und minimieren Sie diejenigen, die nicht ganz so schnell und einfach auszuräumen sind.

- **Überwachen Sie den Prozess sorgfältig und wiederholen Sie ihn regelmäßig.** Jeder Schritt vorwärts verändert die internen Bedingungen. Auch externe Bedingungen ändern sich ständig. Hier geht es um einen fließenden, dynamischen Prozess, nicht um eine einmalige Lösung.

Ein Blick nach vorn: Erwarten Sie das Unerwartete

Fusionen und Akquisitionen um die Jahrtausendwende: Ein merklicher Anteil davon sind Mega-Deals, und an diesen Mega-Deals sind in den allermeisten Fällen englische oder anglo-amerikanische Unternehmen beteiligt. Bis heute gilt offensichtlich die Regel, dass M&A die angelsächsische Art und Weise ist, Unternehmen groß und erfolgreich zu machen. Nach der Jahrtausendwende steht diese Regel zunehmend zur Disposition. Immer mehr Unternehmenszusammenschlüsse in der EU werden nach angelsächsischem Vorbild vonstatten gehen. Auch die japanische Wirtschaft zeigt erste Tendenzen zu M&A, zunächst jedoch ohne die Grenzen Nippons zu überschreiten.

Die Art und Weise, wie vorzugsweise die Amerikaner ihre Deals abwickeln, trifft in Kontinentaleuropa nicht auf sonderlichen Beifall von Seiten der Gewerkschaften, Kartellbehörden oder gar der vorherrschend sozialdemokratischen Regierungen. Selbst Nicht-Sozialdemokraten, die unverdächtig sind, die großen Deals aus protektionistischen Gründen abzulehnen, werden geschluckt haben, als sie feststellen mussten, dass Transaktionen, die zu DaimlerChrysler, Exxon Mobil und Citigroup geführt haben, zusammengenommen ein Transaktionsvolumen aufwiesen, das dem Bruttoinlandsprodukt von Kanada entspricht. Es dürfte vielen Politikern – vielleicht erstmals – ausgesprochen sauer aufgestoßen sein, dass die zur Zeit entstehenden wirklich globalen Unternehmen eines Tages mehr Einfluss haben könnten als Regierungen. Dies wird sicherlich vor allem deswegen von Politikern als bedrohlich aufgefasst, weil die Macht just zu dem Zeitpunkt aus dem politischen in den wirtschaftlichen Raum abdriftet, zu dem die Politik Bereiche wie Gesundheitswesen, Ausbildung, Rente etc. nicht mehr im Griff hat.

Die Amerikaner haben sogar schon ein Wort für das Ergebnis dieses Vorgangs, der mit Paradigmenwechsel nur sehr schwach charakterisiert wird: Sie nennen den mit Macht heraufdämmernden Zustand „corporatism", das heißt soviel wie „Vorherrschaft der Wirtschaft" gegenüber der bisherigen „Vorherrschaft der Politik". Damit hätte das Motto von Bill Clinton „It's the economy, stupid" ganz neue und aktuelle Bedeutung gewonnen.

Auch wenn die bisherige Gedankenführung durchaus Anspruch auf Allgemeingültigkeit erheben kann, fällt es doch auf, dass das Denken dahinter einseitig westlich eingerichtet und damit begrenzt ist. Global bedeutet für uns immer noch USA (mit den Nafta-Ländern Mexiko und Kanada), Europa bis zur Oder oder maximal bis zum Dnjepr und „irgendwo im asiatisch-pazifischen Raum". Vom Nahen Osten wird wenig gesprochen, ebensowenig von den Mercosur-Staaten Südamerikas, und schon gar nicht von den GUS-Staaten. Das heißt, wir globalisieren trotz eines deutlichen erneuten Schubes immer noch einäugig. Kein Gedanke an Saudi-Arabien, wo die größten Ölunternehmen der Welt sitzen, oder Sibirien, wo das meiste Erdgas gefördert wird und die meisten Nichteisenmetalle signifikant vorkommen. Wie wichtig hier eine Änderung der Blickrichtung sein dürfte, wird deutlich, wenn wir uns vor Augen führen, dass selbst ein wirklich globaler Riese wie Exxon Mobil weltweit nur einen Marktanteil von nicht ganz fünf Prozent am Rohölmarkt hält.

Was in diesem Zusammenhang beruhigt, ist die Tatsache, dass sich der Westen in seiner globalen Einstellung zunehmend wandelt. Die Einführung des Euro hat einen Schub bewirkt, eine so nicht vorhersehbare Öffnung herbeigeführt. In der Folge legen europäische Unternehmen zunehmend Wert auf Wachstum und Expansion. Bestes Beispiel ist die Deutsche Telekom. Ohne Fusion oder Akquisition sieht Vorstandsvorsitzender Ron Sommer die Gefahr, dass sein Unternehmen zum nachrangigen Regionalanbieter verkommt.

Kurz gesagt: Die Konsolidierung ganzer Industrien auf globaler Ebene hat gerade erst begonnen. DaimlerChrysler – erfolgreich oder nicht – markiert nicht so sehr den vorläufigen Höhepunkt als vielmehr gerade einmal den Beginn eines Prozesses, nach dessen Abschluss die Weltwirtschaft nicht mehr dieselbe sein wird. Größenordnung und Komplexität der Transaktionen werden zunehmen, sodass die derzeitige M&A-Welle wie ein leichtes Schwappen wirken wird, wenn man sie mit dem vergleicht, was uns erwartet. Was heute passiert, sind eher auf schnelle Steigerung des Shareholder Values ausgerichtete, weitgehend unkomplizierte Fusionen. Was kommt, wird um vieles komplexer ablaufen. Wenn diese MegaDeals allerdings gelingen, sind die Wachstumschancen und die Effizienzsynergien um ein Vielfaches höher als alles bisher Dagewesene.

Je größer die Deals werden, desto größer wird natürlich auch die Herausforderung sein, der sich Manager, die nach einer Fusion die Integrationsphase bewältigen müssen, zu stellen haben. Wenn Sie an die Spielregel denken, in der es um Risikomanagement geht, erinnern Sie sich vielleicht, dass wir ausdrücklich empfohlen haben, in Ihre Risiko-Nutzen-Abwägung einzubeziehen, dass Fusionen ganz erheblichen Nutzen bringen und dass es sich deshalb lohnt, gewisse Risiken einzugehen. Dies umso mehr, wenn Sie Ihre Integrationsphase regelrecht planen und entsprechend durchführen.

Keine Planung der Welt kann diese Unternehmen davor bewahren, in den nächsten Jahren Überraschungen zu erleben. Was bewirkt die erwartete starke Konsolidierung auf der Seite der Unternehmen? Was sind Effekte einer vollständigen Globalisierung? Welche Szenarien sind realistisch?

Drei weltweite Anbieter pro Branche – ist das die Zukunft?

Natürlich wird die Entwicklung in jeder Industrie anders verlaufen. Der Zeitraum wird noch fünf bis zehn Jahre betragen, aber die gegenwärtige Konsolidierung wird diese Folgen haben. Wenn der Zustand erst einmal erreicht ist und die Großen der jeweiligen Industrie feststehen, ebbt die Welle ab. Kleinere Transaktionen dienen dann nur noch der Abrundung oder teilweisen Restrukturierung der Portfolios. Für die derzeitigen Unternehmen kann diese Aussicht nur eines bedeuten: handeln! Wer jetzt zu spät kommt, den bestraft das Leben. Wer zukunftsorientiert denkt, kann jetzt die entsprechenden Weichen stellen und im Konzert der Großen dabei sein.

Je mehr Fusionen geschehen und je enger sie aufeinander folgen, desto höher wird der jeweilige Transaktionswert bei jeder erneuten Fusion. Betrachten wir den Automobilmarkt: Hier haben Fusionen in den vergangenen Jahren signifikante Veränderungen herbeigeführt. Dennoch zeichnen sich die drei wirklich großen Anbieter in dieser Industrie noch nicht ab. Keiner, auch nicht der Gigant DaimlerChrysler, hat bisher mehr als zehn Prozent weltweiten Marktanteil erreicht. Genauso sieht es in der Pharmaindustrie aus. Das heißt, wir müssen fest damit rechnen, dass die Fusionsfieberkurve kurz- und mittelfristig nicht abfällt, sondern erst einmal weiter steigt. Das erste globale Unternehmen mit einem Jahresumsatz von mehr als einer Billion US-Dollar wird demnächst gebildet werden. Das ist eher eine Frage von Monaten als von Jahren. Wer „Opfer" und wer „Täter" ist, können wir nur raten, aber es gibt sicherlich schon einige Top-Manager, die mit diesem Gedanken spielen.

Eine Befürchtung, die oft geäußert wird, betrifft den Mittelstand. Werden kleinere und mittlere Unternehmen weiter existieren können, oder werden sie mit jeder neuen Fusion mehr in die Enge getrieben und schließlich vom Markt gefegt? Nach aller Regel rettet diesen Unternehmen zunächst ihre Flexibilität das Leben. Später werden sie dann sowohl in den USA als auch in Deutschland, Italien und Spanien größere wirtschaftliche Bedeutung haben, ganz neue Chancen erhalten, unternehmerisch tätig zu sein, wenn auch nicht in der bisher gewohnten Form. Hochspezialisierte Nischenanbieter werden eher durch Kontrakte mit den Großen ihre Positionen ausbauen. Zweiter Erfolgsfaktor ist die Kundenorientierung, die kleinere, agile Einheiten eher leisten können.

Dadurch wird die Wettbewerbssituation neu definiert. Die Kleineren konzentrieren sich auf die Befriedigung besonderer Bedürfnisse großer wie kleiner Kunden, die Großen stellen Kostenführerschaft an die erste Stelle. Beide Gruppen haben also der jeweils anderen gegenüber einen klaren Wettbewerbsvorteil. Ihre jeweiligen Anteile an den Wertschöpfungsketten sind verteilt. Es gibt gesunde Konkurrenz, aber keine harten Stellungskämpfe.

Welche Fusion wird als Erste zu einem wirklich globalen Unternehmen führen?

So wie sich die Frequenz der Zusammenschlüsse steigert, so steigert sich zwangsläufig auch die Globalität der entstehenden Unternehmen. Wenn die Grenzen des Heimatkontinents überschritten sind, diktiert allein schon die Größe und die Verfügbarkeit von Partnern beim nächsten Mal die Überschreitung weiterer kontinentaler Grenzen und damit auch Wirtschaftsgemeinschaften, Blöcke etc. Damit sind Fusionen zum stärksten Globalisierungstreiber geworden, auch wenn Globalisierung als Ziel der meisten Fusionen gar nicht unbedingt im Vordergrund steht.

Durch ihre zunehmende Häufigkeit werden die Fusionen keineswegs einfacher. Auch wenn Unternehmen schon glauben, an Routine zu gewinnen, bekommen sie ihre Fusionen nicht unbedingt besser in den Griff, denn die Kulturen, die zusammenkommen, sind immer schwieriger aneinander anzupassen. Was in diesen Fällen zählt, ist, was die Amerikaner „diversity management" nennen, das Management der kulturellen Unterschiede. Die Tatsache, dass nur in den USA für diese Notwendigkeit bereits ein Begriff geprägt wurde, deutet an, dass die Amerikaner uns auch hier wieder einige Schritte voraus sind. Die Koryphäen auf diesem Gebiet empfehlen amerikanische Unternehmen deshalb als Partner für M&A-Deals.

Die erste wirklich globale Fusion wird – je größer und einflussreicher sich das neue Unternehmen erweist – die Hüter des Wettbewerbs auf den Plan rufen. Oligopole oder gar Monopole sind nicht, was Kartellämter sich landläufig als Früchte ihrer Arbeit wünschen. Zur Zeit gibt es wenig Probleme mit Behörden. Inzwischen hat sich an dem Genehmigungsverfahren schon einiges geändert, sowohl in den USA als auch in Europa. Damit ist auch der Weg frei, Desinvestitionen von vornherein festzulegen und nach Bedarf im Zuge der Fusion zügig abzuwickeln. Diese Möglichkeit wird immer wichtiger, denn zum Schaffen von Shareholder Value gehört nicht nur die Integration profitabler Unternehmen(-steile), sondern auch die Trennung von unprofitablen.

Wie sieht die Zukunft für „alte" Industrien aus und wie für die „neuen"?

Zunächst begreift keiner so recht, warum junge, noch im Stadium der Neugründung befindliche Unternehmen und traditionelle Unternehmen sich überhaupt zusammentun sollten. Erst die ersten gemeinsamen Schritte im Markt machen der Umwelt klar, dass hier in vielen Fällen ein intelligentes strategisches Konzept verfolgt wird, zum Beispiel

- die Ausweitung der Einkaufsmöglichkeiten und Vertriebskanäle,
- die Nutzung innovativer und wenig eingefahrener Denkweisen der Mitarbeiter des akquirierten Unternehmens
- die völlige Neuausrichtung der Wertschöpfung.

Solange die Konzentration auf Kernkompetenzen das heiße Thema der Unternehmensentwickler war, galt das Motto vieler und auch erfolgreicher Fusionen „Schuster, bleib bei deinen Leisten". Diese Zeiten sind vorbei, nicht nur weil Kernkompetenzen nicht mehr im Fokus von Managemententscheidungen stehen, sondern in erster Linie, weil „dasselbe noch einmal" sicherlich kein Konzept ist, mit dem der aufgeklärte und informierte Endverbraucher oder gar der Business-to-Business-Kunde noch hinter dem Ofen hervorzulocken sind.

Die Spielregel für Fusionen zwischen „neu" und „alt" wird zukünftig sein, dass bestehende Wertschöpfungsketten neu gestaltet oder neu ausgerichtet werden, nicht dass eine völlig neue Wertschöpfungskette entwickelt wird. Wer hier Marktentwicklungen antizipieren kann, wird in der Lage sein, Veränderungen in der Wertkette so rechtzeitig einzuleiten, dass ein Wettbewerbsvorteil entsteht.

In der Phase der Anpassung und Integration von Unternehmen, deren „Fit" nicht unmittelbar einleuchtet, werden die Analysten Zurückhaltung zeigen – mit der entsprechenden Auswirkung auf die Börsenkurse. Wenn sich aber herausstellt, dass die Kombination funktioniert (und wir gehen davon aus, dass das in der Zukunft öfter der Fall sein dürfte), wird jeder Investor seine Freude an der Kursentwicklung haben.

Rücken Marken noch stärker in das Zentrum der Kundenaufmerksamkeit?

Etablierte Marken bieten dem Verbraucher nicht nur Orientierung, sondern auch Geborgenheit und Vertrautheit in unserer sich schnell verändernden Welt. Der Bedarf an Vertrautheit gilt nicht nur für den privaten Konsum, sondern ist auch ein Einflussfaktor auf das Einkaufsverhalten von Unternehmen. Globale Marken breiten sich immer weiter aus. Ihr Bekanntheitsgrad übertrifft in den allermeisten Fällen schon heute den der Unternehmen, die sie geschaffen haben. Konsumenten kennen die Marken Mercedes, Tempo, Snickers etc., aber sie wissen nicht, wie die Firmen dahinter heißen.

Wir gehen davon aus, dass sich dieser Trend, der heute schon bei Konsumgütern deutlich wird, auch bei Industriegütern erheblich verstärkt. Die neuen Riesenunternehmen werden versuchen, so viele Marken wie möglich zu sammeln, und zwar spezifisch diejenigen, die in den Händen der Konkurrenz den eigenen Marken am Markt Schwierigkeiten bereiten.

Was immer die Einzelentwicklungen sein mögen, der Erfolg einer Fusion hängt letztendlich von der erfolgreichen, den Umständen angepassten Integration beider Unternehmen ab, auch wenn sich die Beurteilungsmaßstäbe ändern werden.

Wer durch Fusionen wachsen will, wird dann erfolgreich sein, wenn er die Regeln zur Integration gezielt anwendet; vor allem, wenn es ihm gelingt, diese Regeln immer wieder an die sich ständig verändernden Umstände anzupassen. Wer das nicht schafft, dem nutzen die Aussichten auf Skaleneffekte wenig, denn ihre Vorteile werden nicht Realität werden. Die Gründe: Zusammenstöße fremder Unternehmenskulturen, zu große Komplexität der neuen, gemeinsamen Produkt- oder Servicepalette, das Verschwinden bekannter und lange Zeit beliebter Marken.

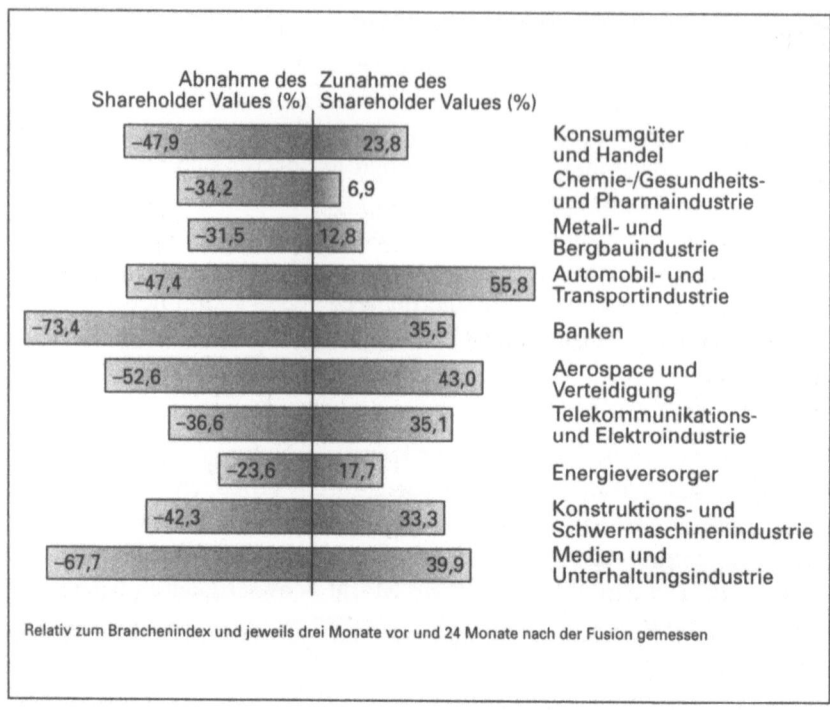

Abbildung 18: Fusionsabhängige Veränderungen im Shareholder Value

Bis heute hatte das Rezept für eine erfolgreiche Fusion zwei Elemente: logistische Planung und operative Integration. Jetzt hat sich das Blatt gewendet. Ein dynamischer Prozess ist erforderlich, der auch Risiken und Herausforderungen beinhaltet. Mit diesen Risiken gehen aber auch größere Chancen einher, die helfen, die neuen, global bedeutenden Riesenunternehmen zu schaffen. Wer diese neuen Gelegenheiten wahrnehmen kann, wer mit diesem dynamischen Prozess wächst, empfiehlt sich und sein Unternehmen als weltweit führend.

Firmen- und Personenregister

A
ABC   77
Alcoa   78, 79
Allianz   126
Allstate   46
American Home Products   55, 56
Amoco   114
Anglo American   130
Anglo plc.   130
AOL   30, 78
AOL-Time Warner   78
Astra AB   66
AstraZeneca PLC   66
AT&T   35, 43, 44, 45
Aventis   117, 137
Axa   62, 63

B
Bandai   107
Bankers Trust   16
Barnevik, Percy   56
Beecham   108, 117, 148
Blair, Tony   131
BMW   95
BMW/Rover   94
Boeing   152
BP Amoco   114, 142
Browne, John   142
BTR plc   117

C
Capital Cities   76
Carville, James   85
Chase Manhattan   157
Chase, Rodney   114, 142

Chemical Bank   157
Chrysler   16, 64, 98, 112, 113, 117
Ciba-Geigy   58, 59, 117
Cisco Systems   43, 44, 80, 81, 96, 97
Citibank   47
Citicorp   117
Citigroup   47, 117
Clinton, Bill   160
Columbia Pictures   40

D
Daimler-Benz   16, 98, 117
DaimlerChrysler   49, 61, 64, 117, 159, 160
Dean Witter   46
Desmarest, Thierry   143
Detroit Diesel   89, 90, 138
Deutsche Bank   16
Deutsche Telekom   160
Diageo   117
Dillon, John   67
Disney   77
3Com   43
3M   109
Dresdner Bank   126
Duracell   74

E
Eaton, Robert   64
Eisner, Michael   56
Ekberg, Jan   57
Electronic Data Systems (EDS)   109
Elf Aquitaine   143
Equitable   62

Exxon   76
Exxon Mobil   65, 76, 80, 159, 160

F
Federal Paper   67
First Interstate Bancorp   72
Ford   49
Ford Motor   49
Fort Howard   117
Fort James   117

G
General Electric   105
General Motors   89
Gillette   74
GlaxoWellcome   108
Goldman Sachs   62
Grand Metropolitan   117
Guinness   117

H
Hassan, Fred   57, 136
Hoechst   117

I
IBM   105
Intel   30
International Paper   67
Invensys   117, 118

J
James River Corp.   117
Jenrette, Richard   63

K
Kohlberg Kravis Roberts   37

L
Lowrie, Bill   142

M
Mack, John   62
McCaw Cellular   37
McDonald's   104
McDonnell Douglas   152
MCI WorldCom   46
McKillop, Tom   66
Mercury Asset Management   37
Merrill Lynch   62
Messier, Jean-Marie   48
Microsoft   30
Minorco SA.   130
Mitsubishi   113
Mobil   76
Monsanto   55, 56, 61, 136
Moore, Gordon   30
Morgan Stanley/Dean Witter   62

N
NCR   35, 44
Novartis   59, 66, 117

O
Ospel, Marcel   60

P
Penn Central   34
Penske   89
Penske, Roger   89, 138
PetroFina   143
Pharmacia & Upjohn   57, 136
Pharmacia Corporation   57
Purcell, Phil   62

R
Reed, John   47
Reitzle, Wolfgang   49
Rhône-Poulenc   117
Roche/Boehringer Mannheim   129
Rover   95

S

Sandoz 58, 117
SAP 30
Schrempp, Jürgen 64
Sega 107
Siebe plc 117
Siemens-Nixdorf Informations-
 systeme AG 39
SmithKline Beckman 117, 148
SmithKline Beecham 108, 117
Softbank 111
Son, Masayoshi 111
Sony 40
Sony Pictures 40
Southern Pacific Rail Corp. 94
Southwest Airlines 153, 154
Swiss Bank Corporation 59, 117

T

Time Warner 78
TotalFinaElf 143
Traveler's 47, 117

U

Union Bank of Switzerland 59
Union Camp 67, 68
Union Pacific 94
United Bank of Switzerland 59, 117
US Airways 107
USAir 107

V

Valeo SA 96
Vanderbilt, Cornelius 34
Vivendi SA 48
Vivendi Universal 48
Volvo 49

W

Walt Disney Company 77
Weill, Sanford 47
Wells Fargo & Co. 72

Z

Zabriskie, John 57
Zeneca Group LTD 66
Ziff-Davis 111

Die Autoren

Max M. Habeck ist Vice President von A.T. Kearney. In seiner zwölfjährigen Beratungspraxis arbeitete er in den Bereichen Unternehmensstrategie, Organisation, Restrukturierung und Post-Merger-Integration. Er leitet die Aerospace & Defense Practice in Zentraleuropa. Von Anfang 1995 bis Mitte 1998 war Habeck Mitglied der US-Organisation von A.T. Kearney und konzentrierte sich auf Pre-Merger-Due-Diligence und Post-Merger-Integration im amerikanischen Markt.

Dr. Fritz Kröger arbeitet seit 1976 als Top-Management-Berater und ist Vice President von A.T. Kearney Central Europe. Er hat Consultingerfahrung in Europa, den USA und Japan. Seine wichtigsten Arbeitsbereiche sind Strategieentwicklung, Restrukturierung und Post-Merger-Integration. Die Erfahrungen aus seiner Beratungstätigkeit hat Dr. Kröger zu einer Reihe von Büchern verarbeitet, darunter – zusammen mit Michael Träm und Marianne Vandenbosch – das Gabler-Buch „Wachsen wie die Sieger".

Dr. Michael Träm ist Geschäftsführer von A.T. Kearney Central Europe. Als Vice President gehört er zur europäischen Strategiegruppe und ist dort verantwortlich für das Pre- und Post-Merger-Integration-Geschäft von A.T. Kearney in Europa. Er hat sich auf Fragen der Strategie, Organisation und Restrukturierung führender internationaler Unternehmen spezialisiert. Besondere Schwerpunkte sind Unternehmensübernahmen, Fusionen und Kooperationen. Dr. Träm ist Autor zahlreicher Artikel und Bücher.

Managementwissen: kompetent, kritisch, kreativ

Faszinierende Blicke hinter die Kulissen der Wall Street

Die Wall Street ist der Inbegriff von Macht und Geld. Wer sind die mächtigen Player? Was genau ist die Aufgabe von Analysten, Brokern, Investmentbankern, Investoren und Kontrolleuren? „Inside Wall Street" gibt fundierte Antworten. Ein klarer, verständlicher und spannender Einblick in das Geschehen an der Wall Street – mit Tipps der erfolgreichsten Investoren.

Ulrich Stockheim
Inside Wall Street
Im Machtzentrum
des Kapitalismus
2000. 231 S. Geb. € 29,00
ISBN 3-409-11542-0

Entscheidung und Wertentwicklung durch hohen Informationsstandard

Auf Grundlage ihres einzigartigen Konzeptes eines Organisations-IQ entwickeln die Autoren quantitative Instrumente, um festzustellen, wie Organisationen Informationen aufnehmen und ihre Entscheidungs- und Informations-Architektur aufbauen. Sie erklären, welche Faktoren zu einem hohen Organisations-IQ und damit zu hoher Wertentwicklung führen.

Haim Mendelson,
Johannes Ziegler
Organisations-Intelligenz IQ
Innovatives Informationsmanagement für das 21. Jahrhundert
2001. 284 S. Geb. € 42,00
ISBN 3-409-11756-3

Das Biotech-Business in allen Facetten verstehen und nutzen

Die Autorin zeigt, welche gigantischen Profitpotentiale biotechnologischer Fortschritt auf allen Stufen von Geschäft und Investment generiert. Sie gewährt Einblick in Forschung sowie Produkt-Entwicklung in neuen Geschäfts- und Finanzierungsmodellen. Hinweise zu profitabler Anlagestrategie runden das Buch ab.

Cynthia Robbins-Roth
Zukunftsbranche Biotechnologie
2001. 349 S. Geb. € 49,00
ISBN 3-409-11771-7

Änderungen vorbehalten. Stand: November 2001.
Erhältlich im Buchhandel oder beim Verlag.

Gabler Verlag · Abraham-Lincoln-Str. 46 · 65189 Wiesbaden · www.gabler.de

MIX
Papier aus verantwortungsvollen Quellen
Paper from responsible sources
FSC® C105338

If you have any concerns about our products,
you can contact us on
ProductSafety@springernature.com

In case Publisher is established outside the EU,
the EU authorized representative is:
**Springer Nature Customer Service Center GmbH
Europaplatz 3, 69115 Heidelberg, Germany**

Printed by Libri Plureos GmbH
in Hamburg, Germany